KOCH MICH!

MARTIN GROLMS

KOCH MICH!
AACHEN

**7 x 7 KÖSTLICHE REZEPTE
AUS DER STADT
IM DREILÄNDERECK**

PAPERENTO *

* die mit der Ente

Weithin zu sehen: Der Dom prägt die Silhouette Aachens. Zur blauen Stunde leuchtet die Stadt am Abend in einem fast schon magischen Licht.

KOCHLÖFFEL UND STIFTE BEREITHALTEN!

Aachen, 250.000 Einwohner, Deutschlands westlichste Großstadt, wird oft als »Kaiserstadt« bezeichnet. 786 erstmals urkundlich erwähnt, später karolingische Kaiserpfalz, dann Krönungsort deutscher Könige.

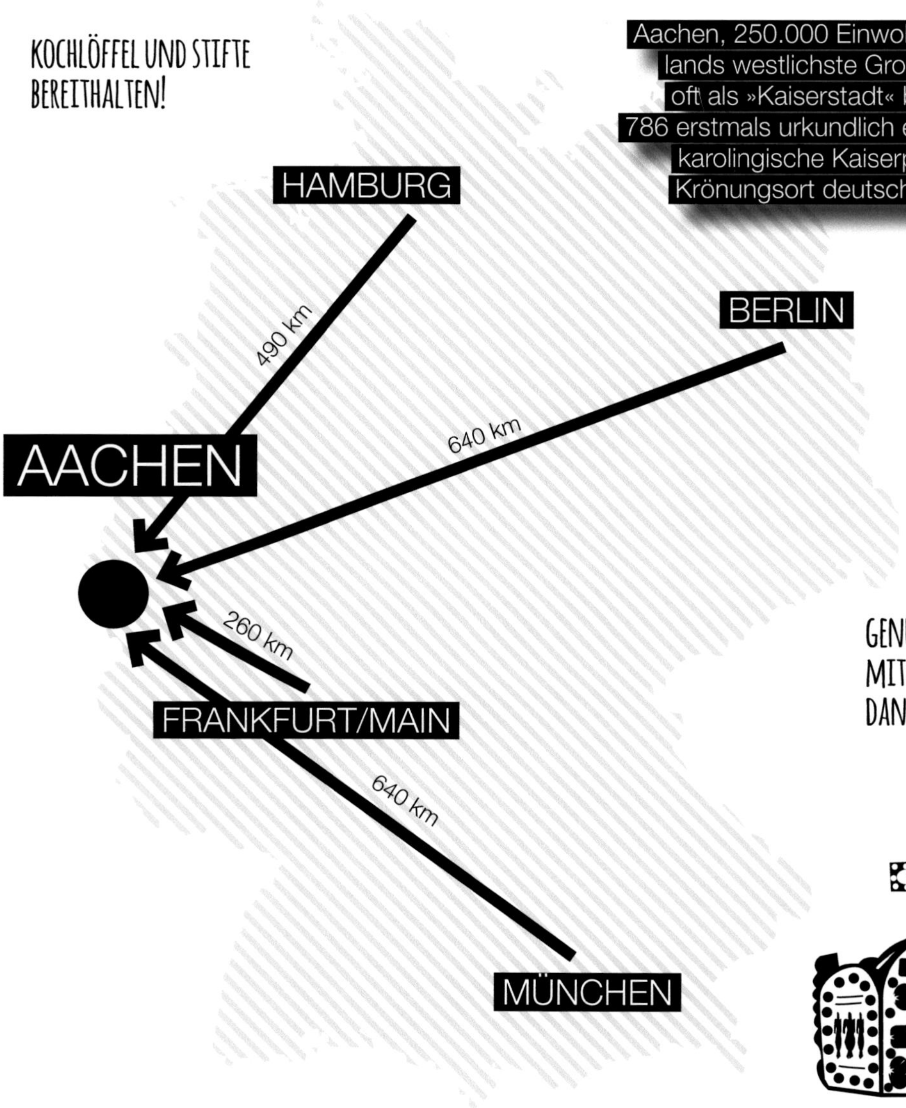
HAMBURG
490 km
BERLIN
640 km
AACHEN
260 km
FRANKFURT/MAIN
640 km
MÜNCHEN

GENUG HUNGER MITGEBRACHT? DANN LOS!

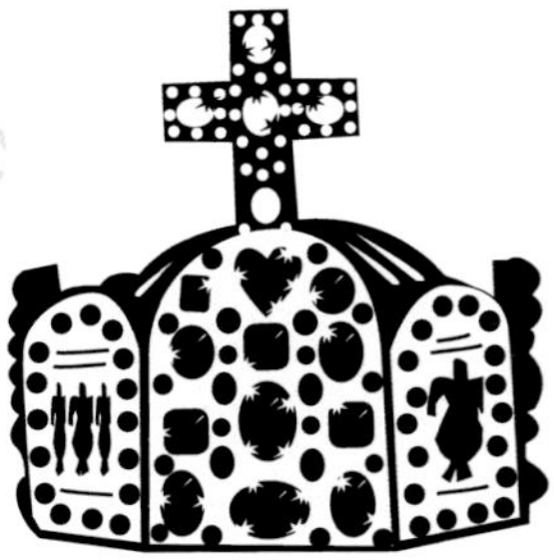

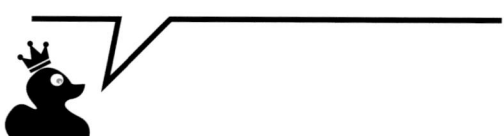

Die **AACHENER REICHSKRONE** zeigt dir, wie knifflig die Rezepte sind.

EINFACH Nur selten am Herd? Dann ist dieses Rezept für dich.

HERAUSFORDERND Für alle, die gern und regelmäßig kochen.

ANSPRUCHSVOLL Für Profis und alle, die es werden wollen.

WIE SCHMECKT AACHEN? SO!

Viele Köche verderben vielleicht den Brei – aber sie machen eine hervorragende Bouillabaisse. Aachen und das Dreiländereck haben nicht nur weltweit führende Wissenschaften hervorgebracht, sondern auch eine vielfältige Küche.

Schon Karl der Große verschmolz Tradition und Innovation: Als er um 800 seine Idee der Karlsgärten in die Tat umsetzte, nutze er das Wissen, die Rezepturen und Pflanzen aus allen Ecken seines Reiches. Er vereinte Kulturen, sorgte für Frieden und Wohlstand in der Region sowie für gutes, abwechslungsreiches Essen. In diesem Buch findest du regionale Köstlichkeiten und spannende Geschichten über Aachen und Umgebung. Es ist eine Geschmacksreise, eine Ode an die ereignisreiche Geschichte, an historische Bauwerke, Ereignisse, Eigenheiten.

Also: Koch mich, Aachen! Denn unser Erbe ist eine kulinarische Melange, der Reichtum unserer Region ist die Vielfalt, die Fülle der Aromen und Genüsse und der friedliche Umgang miteinander.

Guten Appetit, bon appétit, eet smakelijk!

KOCH MICH! **AACHEN**

DER AUTOR

Martin Grolms ist kein gebürtiger »Öcher«, lebt aber schon seit mehr als 25 Jahren in Aachen. Das Kochen liegt in der Familie: Gelernt hat er es von seiner Mutter und Großmutter. Seine Urgroßtante Henriette Davidis schrieb bereits eines der bedeutendsten deutschen Kochbücher. Für den Autor, Redakteur und Journalisten ist Kochen Hobby und Leidenschaft, wovon neben Freunden vor allem die Familie profitiert.

PLATZ FÜR DEINE EIGENEN
REZEPTIDEEN IST GANZ
AM ENDE DES BUCHS!

KOCH MICH! **AACHEN**

Richterich

Laurensberg

CHIO

DREI-LÄNDER-
ECK

NIEDERLANDE

BELGIEN

DREI LÄNDER – drei
Geschmäcker. Das Beste
aus jeder Region landet als
Belag auf dieser internatio-
nalen Pizza. Seite 74

POMPÖS ist nicht nur der
Schatz im Dom. Sondern
auch dieses Püree samt
Eifelkaviar. Seite 51

GANZ VIEL HEIMAT steckt in
diesen Rezepten – gleich probieren!

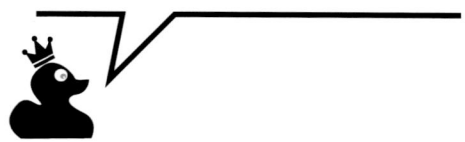

AUS DER TIEFE strömt Thermalwasser: So heiß, dass darin sogar
Fisch gegart werden kann. Seite 72

UNSERE HIGHLIGHTS DER AACHENER KÜCHE

IM GALOPP trifft sich die Pferdesport-Elite beim CHIO. Ebenso fix zubereitet ist dieser leichte Salat. Seite 57

Haaren

TIVOLI

PONTTOR

DOM

ELISENBRUNNEN

Eilendorf

Aachen Mitte

Brand

Burtscheid

Kornelimünster/ Walheim

DAS KICKT REIN ins schwarz-gelbe Geschmackszentrum: Champignons für jeden Champion. Seite 29

KEIN KOSTVERÄCHTER war Casanova, der in Aachen baden ging. Die kühle Kurhaus-Gazpacho hätte er gewiss geliebt. Seite 32

HEISS UND FETTIG sind Krapfen – in Aachen: Puffel – auf der »Öcher Bend«. Dieses Rezept bringt Kirmes-Feeling nach Hause. Seite 84

VORSPEISEN

SUPPEN

BEILAGEN

SALATE

HUNGER? Wir bringen dich
auf den Aachener Geschmack

KOCH MICH! **AACHEN**

VORSPEISEN

Willkommen in »Oche«, wie die Bewohner ihre Stadt nennen! Kalt oder warm? Mit diesen Gerichten zum Auftakt kann nichts schiefgehen.

KARLS GROSSES ROTE-BETE-CARPACCIO

KOMM AUF DEN GESCHMACK MIT CAROLUS

Karl der Große, lateinisch Carolus oder Karolus Magnus, ist wohl der bekannteste Aachener. Der fränkische König wurde im Jahr 800 von Papst Leo III. zum Kaiser gekrönt. Aachen war seine Hauptresidenz und bis ins 16. Jahrhundert Krönungsort der römisch-deutschen Könige. Seit 1950 wird in Aachen der Internationale Karlspreis für Verdienste um die europäische Einigung verliehen. Die passende köstliche Vorspeise für die Feierlichkeiten drumherum servieren wir hier.

SCHWIERIGKEITSGRAD:

ZUTATEN FÜR 2 PERSONEN
- 2 kleine Rote Bete
- 50 g Rucola oder Feldsalat
- 50 g Ziegenfrischkäse
- 40 g Walnüsse
- 1 kleine Schalotte
- 2 EL Olivenöl
- 1 EL Zitronensaft
- 1 TL flüssiger Honig
- 1 TL Senf
- 1 EL Balsamico
- Salz und Pfeffer

1 Rote Bete in kochendem Wasser garen und abkühlen lassen. Schälen und in sehr dünne Scheiben schneiden oder hobeln. Rote-Bete-Scheiben auf einem großen Teller auslegen, Rucola oder Feldsalat sowie Ziegenkäse und gehackte Walnüsse darauf verteilen.

2 Schalotte würfeln, mit Olivenöl, Balsamico, Honig und Senf zu einem Dressing vermengen, mit Salz und Pfeffer abschmecken und auf das Carpaccio geben.

3 Mit Vollkornbrot servieren.

TIPP: Am besten mit Küchenhandschuhen arbeiten. Rote Bete färbt sehr stark.

ZUBEREITET AM: FÜR: | ES WAR: ☐ 😀 ☐ 😐 ☐ 😞 | NOCHMAL? ☐ja ☐nein

MONSCHAUER SENFEIER
SCHARFE SACHE

Unweit der mittelalterlichen Altstadt von Monschau befindet sich eine historische Senfmühle. Monschau liegt zwar schon in der Eifel, gehört aber zur Städteregion Aachen. Die Mühle ist ein technisches Denkmal, 1882 erbaut und seitdem in Familienbesitz. Zwischen alten Mühlsteinen wird noch heute, Moutarde de Montjoie, der Monschauer Senf handwerklich hergestellt. Für dieses Rezept liefert er die scharfe Basis.

SCHWIERIGKEITSGRAD:

ZUTATEN FÜR 2 PERSONEN
- 3 Eier
- 20 g Butter
- 100 ml Sahne
- 100 ml Milch
- 2 EL Monschauer Senf
- 1 EL Mehl
- ein Spritzer Zitrone
- Prise Zucker
- Salz, Pfeffer
- Schnittlauch

1 Eier etwa 10 Minuten hart kochen und halbieren.

2 Butter in einem kleinen Topf zerlassen, Mehl einstreuen und verrühren.

3 Mit Milch ablöschen und kräftig rühren, damit keine Klümpchen entstehen. Die Mehlschwitze sanft köcheln lassen und immer mal wieder umrühren.

4 Zum Schluss so viel Sahne hinzugeben, bis die gewünschte Konsistenz entsteht. Senf dazugeben und mit Salz, Pfeffer, einer Prise Zucker und einem Spritzer Zitronensaft abschmecken.

5 Mit Schnittlauch garnieren und mit Brot oder Kartoffeln servieren.

Welch Prunk! Der Innenraum des Aachener Doms lädt nicht nur zum Beten, sondern auch zum Staunen ein. Aufwendig verzierte Mosaike schmücken die Decke des Gebetshauses.

ROAST BEEF »ROTHE ERDE«

ERST DIE ARBEIT, DANN DIE LECKEREI

»Rothe Erde« ist ein von der Großindustrie geprägter Stadtteil von Aachen. Der Name bezeichnete ursprünglich den Bezirk und die darin liegenden Hofgüter. 1845 gründeten Industrielle dort ein Stahlwerk, das seit 1851 »Aachener Hütten-Aktien-Verein Rothe Erde« hieß. Durch eine Übernahme erhielt die Paulinenhütte in Dortmund 1861 den Namen »Rothe Erde Dortmund«, heute heißt sie »Thyssenkrupp Rothe Erde«. Wer fleißig arbeitet, soll auch gut speisen. Wie wäre es mit diesem schnellen Einstieg ins Menü?

SCHWIERIGKEITSGRAD:

ZUTATEN FÜR 2 PERSONEN
- 500 g Roastbeef, am besten Bioqualität
- Rosmarin und Thymian
- Butterschmalz
- Salz, Pfeffer

1 Fleisch eine Stunde vor der Zubereitung aus dem Kühlschrank nehmen. Den Fettrand nach Belieben dranlassen und kreuzförmig einschneiden, oder mit einem scharfen Messer entfernen.

2 Das Fleisch salzen und pfeffern, mit kleingehackten Kräutern einreiben. Dann rundherum kurz in einer heißen Pfanne mit Butterschmalz anbraten, bis sich Röststoffe bilden.

3 Aus der Pfanne nehmen und auf einem Blech bei etwa 80 °C gut 2 Stunden langsam garen. Die Kerntemperatur sollte bei 60 °C liegen

4 Das fertige Roastbeef 10–15 Minuten in Alufolie ruhen lassen dann mit einem langen, scharfen Messer quer zur Faser in dünne Scheiben schneiden

5 Mit Sauce Béarnaise oder Remoulade anrichten, mit Gemüse und Bratkartoffeln servieren

ZUBEREITET AM: FÜR: ES WAR: ☐😊 ☐😐 ☐☹ | NOCHMAL? ☐ja ☐nein

GRASHAUS-SANDWICH
HISTORISCHER BISSEN

Das Grashaus am Fischmarkt war das erste Aachener Rathaus – und ist heute eines der ältesten Gebäude der Stadt. Damals wurde es »burgerhuys«, auch »domus civium« oder »burger grass« genannt. 1267 fertiggestellt, steht es vermutlich auf noch älteren Grundmauern. Den Namen verdankt es dem grasbewachsenen Vorplatz, auf dem sowohl Hinrichtungen als auch Volksfeste stattfanden. Wir feiern lieber: mit diesem Snack.

SCHWIERIGKEITSGRAD:

ZUTATEN FÜR 2 PERSONEN
- 250 g geräucherter Fisch, z. B. Forelle, Lachs oder Makrele
- ¼ Salatgurke
- Salatblätter
- 1 Tomate
- 1 kleine Zwiebel
- 1 hart gekochtes Ei
- Kresse oder andere Sprossen etwa von Senf, Radieschen, Brokkoli oder Linsen
- Remoulade oder Mayonnaise
- Salz, Pfeffer
- 4 große Weißbrotscheiben

1 Weißbrotscheiben mit Remoulade oder Mayonnaise bestreichen.

2 Gurke, Tomate und Ei in Scheiben, Zwiebeln in Ringe schneiden und Brote damit belegen.

3 Fisch und restliche Zutaten darauf geben, mit Pfeffer und Salz abschmecken.

4 Je zwei Brotscheiben zusammenlegen, in der Mitte durchschneiden und servieren.

ZUBEREITET AM: FÜR: | ES WAR: ☐ ☐ ☐ | NOCHMAL? ☐ja ☐nein

KROSSER KATSCHHOFTALER

KNUSPRIG TRIFFT KÖSTLICH

Der Katschhof ist ein zentraler Platz zwischen dem Aachener Dom und Aachener Rathaus, Ort des ehemaligen Prangers. Der Name leitet sich von Kaxhoff ab. »Kaak« ist heute noch das niederländische Wort für Pranger. Hier finden Konzerte statt, das Domspringen, ein internationales Stabhochsprungmeeting, Stadtfeste und der Aachener Weihnachtsmarkt – am besten mit Reibekuchen oder »Rievkooche«, wie der Einheimische sagt.

SCHWIERIGKEITSGRAD:

ZUTATEN FÜR 2 PERSONEN
- 6 Kartoffeln
- 2 Zwiebeln
- 2 EL Paniermehl
- 1 Ei
- Salz, Pfeffer, Muskat
- Rapsöl zum Anbraten

1 Die Kartoffeln schälen und reiben. Die Zwiebeln ebenfalls schälen und reiben oder in kleine Würfel schneiden und zu den Kartoffeln geben. Kräftig salzen, kurz warten und vorsichtig das austretende Wasser abgießen.

2 Ei, Paniermehl, Pfeffer und Muskat hinzufügen. Ist der Teig zu flüssig, gegebenenfalls noch etwas mehr Paniermehl hinzugeben.

3 Reichlich Öl in eine Pfanne geben und heiß werden lassen. Einen guten EL Kartoffelteig in die Pfanne geben und von beiden Seiten goldgelb ausbacken.

4 Auf Küchenpapier abtropfen lassen und mit Apfelmus servieren.

TIPP: Wer es vegan mag, kann das Ei einfach weglassen.

ZUBEREITET AM:　　　　FÜR:　　　　ES WAR: ☐😊 ☐😐 ☐☹️　NOCHMAL? ☐ja ☐nein

Willkommen in Aachen! Das mittelalterliche Ponttor ist das westliche der beiden Nordzugänge. Es gewährte einst Einlass durch die ehemalige äußere Stadtmauer.

HOHES VENNCHEL MIT TORFU

GESUNDER HAPPEN

Das Hohe Venn ist ein grenzübergreifendes Naturschutzgebiet auf deutschem und belgischem Gebiet. Die Hochfläche besteht zu großen Teilen aus Mooren und ausgedehnten, unbewirtschafteten Torfheiden. Im Hohen Venn gibt viele ausgewiesene Wanderrouten – teils mit festem Untergrund, aber auch auf Holzstegen. Für diesen Snack bringen wir Torf und Tofu unter einen Hut – und Fenchel darf da auch nicht fehlen. Köstlich!

SCHWIERIGKEITSGRAD:

ZUTATEN FÜR 2 PERSONEN
- 200 g Räuchertofu
- 1 kleine Fenchelknolle
- ½ Bio-Salatgurke
- 1 gelbe Paprika
- ½ rote Chilischote
- 1 Knoblauchzehe
- Prise Zucker
- Limettensaft
- Thai-Basilikum oder Koriander
- Handvoll geröstete Cashewkerne
- 2 EL Sojasauce
- 2 EL Mehl
- Salz, Currypulver
- Sesam- oder Erdnussöl
- Öl zum Anbraten

1 Currypulver, Prise Zucker und Sojasauce vermengen. Tofu in Scheiben schneiden und kurz darin marinieren, dann in Mehl wenden. Öl in einer Pfanne erhitzen und Tofu darin auf beiden Seiten goldbraun braten.

2 Fenchel sowie ungeschälte Gurke und Paprika klein schneiden.

3 Für das Dressing Chilischote entkernen und hacken. Knoblauch zerdrücken oder fein hacken. Beides mit Sesam- oder Erdnussöl, Zucker und etwas Limettensaft verrühren.

4 Gemüse auf einem Teller anrichten, Kräuter, Tofu und Cashewkerne darüber geben und mit Dressing beträufeln.

OSMANISCHER FLAMMKUCHEN À LA ELSASSSTRASSE

AACHEN TRIFFT ORIENT

Die Elsassstraße im Aachener Ostviertel direkt am Kennedypark ist ein Schmelztiegel unterschiedlicher Kulturen. Hier reiht sich ein Restaurant an das nächste, vor allem mit türkischer Küche. Die Bäckereien dort sind ein absoluter Geheimtipp. Das Rezept für einen Elsässer Flammkuchen nach türkischer Art gibt es aber nur hier.

SCHWIERIGKEITSGRAD:

ZUTATEN FÜR 2 PERSONEN
Für den Teig:
- 2 EL Öl
- 125 ml Wasser
- Prise Salz
- 250 g Mehl

Für den Belag:
- 150 g türkischer Joghurt
- 1 rote Zwiebel
- 2 Tomaten
- 100 g Sucuk (Türkische Wurst)
- 100 g Schafskäse
- Pul Biber (türkisches Paprikagewürz)
- Nach Belieben: ein paar Oliven, glatte Petersilie, Olivenöl

1 Die Teigzutaten kräftig miteinander verkneten und den Flammkuchenteig auf Backpapier ausrollen. Den Backofen auf 220 °C vorheizen.

2 Den Joghurt auf dem Teig verstreichen. Tomaten würfeln, die Oliven, die Wurst und die Zwiebel in Scheiben schneiden und ebenfalls darauf geben. Den Schafskäse darüber bröseln.

3 Den Flammkuchen 15–20 Minuten bis zur gewünschten Bräune backen.

4 Etwas Olivenöl darüber geben. Mit gehackter glatter Petersilie und Pul Biber anrichten.

TIPP: Wer auf Sucuk verzichten möchte, kann sie durch Aubergine und/oder Peperoni ersetzen.

ZUBEREITET AM:　　　　FÜR:　　　　　ES WAR: ☐ 😊 ☐ 😐 ☐ 😟 　NOCHMAL? ☐ja ☐nein

2•

1••
12

KOCHZEIT sinnvoll nutzen: Zahlen
verbinden und dann bunt ausmalen!

Stilvoll wandeln unter Bäumen – wo geht das?
Die Antwort: auf den Seiten 76/77.

KOCH MICH! AACHEN

SUPPEN

Das Salz dieser Rezepte?
Frische Zutaten aus der Region.
Kein Wunder, dass alle Gäste den
Topf gemeinsam auslöffeln wollen.

BEVERBACH BOUILLON

ALLES FLIESST IM KOCHTOPF

Die Stadt Aachen liegt zwar nicht an einem Fluss, ist aber dennoch eine Stadt des Wassers. »Ahha« (sprich: Acha) ist das germanische Wort für Wasser. Mehr als 30 Bäche durchziehen das Stadtgebiet – so wie der Beverbach. Ihnen verdankt Aachen den wirtschaftlichen Aufschwung. Sie trieben zahlreiche Wassermühlen an, vor allem in der Tuchindustrie. Thermalwasser hielt die Wasserräder im Winter eisfrei. So konnten die Mühlen das ganze Jahr hindurch produzieren. Nahrhafter als Wasser ist diese Bouillon.

SCHWIERIGKEITSGRAD:

ZUTATEN FÜR 2 PERSONEN

- 1 Möhre
- 1 Zwiebel
- ½ Stange Lauch
- ½ Stange Staudensellerie oder ¼ Knollensellerie
- 2-3 Champignons
- 1 l Wasser
- Handvoll Petersilie
- etwas Öl
- gute Prise Salz
- Lorbeerblatt, Wacholderbeeren, Pfeffer

1 Gemüse kleinschneiden und mit Öl in einem Topf anschwitzen. Mit Wasser aufgießen, Gewürze dazu geben und etwa 25 Minuten langsam kochen.

2 Bouillon durch ein Sieb abgießen und erneut aufkochen lassen oder mit Gemüse servieren.

3 Mit Salz und Pfeffer abschmecken und etwas Petersilie anrichten.

TIPP: Wer keinen Sellerie mag, kann auch Petersilienwurzel verwenden

SCHWARZ-GELBE CHAMPIONSUPPE ALEMANNIA

TREFFSICHERER SATTMACHER

»Die Alemannia«, wie der Aachener Turn- und Sportverein Alemannia 1900 genannt wird, ist der größte Sportverein der Stadt – mit einer ruhmreichen Geschichte. Unvergessen ist das Duell vom 4. Februar 2004 auf dem Tivoli, als die Alemannia den FC Bayern im DFB-Pokal-Spiel besiegte. In der Saison 2005/06 gelang nach 36 Jahren der Wiederaufstieg in die 1. Bundesliga, in der Folgesaison stieg sie allerdings wieder ab. Dank Champignons fühlt sich mit unserer Alemannia-Suppe jeder wie ein Champion.

SCHWIERIGKEITSGRAD:

ZUTATEN FÜR 2 PERSONEN
- 200 g Champignons
- 1 Schalotte oder Zwiebel
- 1 kleine Möhre
- 1 EL Kurkumapulver oder 1 Stück Kurkumawurzel
- 2 EL Butter
- 1 EL Mehl
- 500 ml Gemüsebrühe
- 100 ml Sahne oder Milch
- Salz, Pfeffer, Muskat
- Schuss Weißwein
- Schwarzkümmel oder Balsamico-Creme

1 Champignons in Stücke schneiden, Zwiebel und Möhre schälen und hacken.

2 Butter in einem Topf erhitzen, Champignons, Zwiebel, Möhre sowie Kurkumapulver oder gehackte Kurkumawurzel zugeben und andünsten. Mit Mehl bestäuben, kurz anschwitzen, dann mit der Brühe und Weißwein ablöschen und 10–20 Minuten köcheln.

3 Champignon-Cremesuppe fein pürieren, Sahne zugeben und mit Salz, Pfeffer und Muskat abschmecken. Ist die Suppe zu dick, mit etwas Wasser verdünnen. Ist sie zu dünn, nochmals mit etwas Mehl in wenig Wasser angerührt, andicken, gegebenenfalls noch einmal kurz pürieren.

4 Den fertigen Teller mit Schwarzkümmel oder Balsamico-Creme garnieren.

TIPP: Kurkumawurzel mit Handschuhen verarbeiten, sie färbt stark ab.

ZUBEREITET AM: FÜR: ES WAR: ☐😊 ☐😐 ☐☹   NOCHMAL? ☐ja ☐nein

KLAPPERGASSEN-KLÖSSCHENSUPPE

LEGENDÄRE KOST

Als der Bau des Aachener Doms abgeschlossen war, wünschte Karl der Große 365 Bischöfe für die Weihe – einen für jeden Tag des Jahres. Am Vorabend waren aber erst 363 angekommen. Da erschien ein Engel in der Servatiusbasilika in Maastricht, in der die Bischöfe Monulphus und Gondulphus bestattet waren, und forderte sie auf, nach Aachen zu kommen. Sie zogen los und ihre Gebeine verursachten ein lautes Klappern. Die Straße, durch die sie zum Dom gekommen waren, heißt bis heute Klappergasse.

SCHWIERIGKEITSGRAD:

ZUTATEN FÜR 2 PERSONEN
- 1 l Brühe
- 30 g Grieß
- 100 ml Milch
- 1 Ei
- 1 EL Butter
- Salz, Muskat

1 Milch und Butter mit Salz und Muskat in einem kleinen Topf aufkochen und dabei ständig rühren. Den Topf vom Herd nehmen, den Grieß hinzugeben und rühren. Den Brei abkühlen lassen.

2 Dann das Ei unterheben, am besten ein paar Minuten ruhen und quellen lassen.

3 Mit feuchten Händen kleine Klößchen oder mit zwei Teelöffeln Nocken formen und direkt in die heiße Brühe geben. 15 Minuten ziehen lassen und servieren.

ZUBEREITET AM: FÜR: | ES WAR: ☐ ☐ ☐ 🙁 | NOCHMAL? ☐ja ☐nein

Sechs Meter hoch ist diese Blüte – und sie entfaltet sich innerhalb weniger Minuten. Der Kugelbrunnen in der Fußgängerzone Adalbertstraße ist ein Hingucker. Metallbildhauer Albert Sous schuf ihn aus dem Edelstahl ausgedienter Waschmaschinen-Trommeln.

KURHAUS-GAZPACHO
HEISS TRIFFT KALT

In Aachen gab es schon im 1. Jahrhundert ein römisches Heilbad – und sogar Casanova soll in den heißen Quellen gebadet haben. Aachen ist eine Kurstadt und dürfte sich eigentlich Bad Aachen nennen. Aber: Dann würde die Stadt in Listen und Verzeichnissen nicht mehr an erster Stelle stehen ... Das neoklassizistische »Neue Kurhaus« am Rande des Aachener Stadtgartens ist gar nicht mehr so neu, es wurde 1914 bis 1916 erbaut. Wir sind uns sicher, dass Casanova diese kühle Suppe geliebt hätte.

SCHWIERIGKEITSGRAD:

ZUTATEN FÜR 2 PERSONEN
- 500 g sehr reife Tomaten, ersatzweise Tomaten aus der Dose
- ½ Salatgurke
- 1 grüne Paprika
- 1 Schalotte oder Zwiebel
- 1 Knoblauchzehe
- 1 kleine Chilischote
- 1 Scheibe Weißbrot
- 250 ml kalte Gemüsebrühe
- heller Balsamico oder Zitronensaft
- Olivenöl
- Salz, Pfeffer, Zucker

1 Das Gemüse und Weißbrot in Würfel schneiden, in eine Schüssel geben und pürieren.

2 Dann Brühe, Essig oder Zitronensaft sowie Öl dazugeben und vermischen. Mit Salz, Pfeffer und Zucker abschmecken und mehrere Stunden kaltstellen.

3 Mit wenig Frühlingszwiebeln garnieren und mit geröstetem Weißbrot servieren.

ZUBEREITET AM: FÜR: ES WAR: ☐ ☐ ☐ 😕 NOCHMAL? ☐ja ☐nein

HEISSER HANGEWEIHER
....
ENTE GUT, SUPPE GUT

Der Hangeweiher liegt im Kaiser-Friedrich-Park im Aachener Süden, umgeben von noblen Wohnhäusern, Schrebergärten, einer Sternwarte und dem einzigen Freibad der Stadt. Beim Tret- oder Ruderbootfahren können Freizeitsportler die mehr als 100 Jahre alten Bäume und viele Wasservögel beobachten. Keine Bange, für die Ente in dieser Suppe muss niemand in der Natur auf die Jagd gehen. Ein Besuch im Supermarkt tut es auch.

SCHWIERIGKEITSGRAD:

ZUTATEN FÜR 2 PERSONEN
- 200 g Entenfleisch
- 1 Chilischote
- 1 Frühlingszwiebel
- 50 g Pilze (Austernpilze, Shii- take oder Champignons)
- 1 kleine Möhre
- 1 Stück Ingwer
- 1 Stängel Zitronengras
- 1 Knoblauchzehe
- ½ Dose Kokosmilch
- 250 ml Geflügelbrühe
- 1 Bio-Limette
- geröstete und gesalzene Erdnüsse
- etwas Thai-Basilikum (ersatz- weise normales Basilikum)
- Sojasoße, Salz, Rohrzucker
- Öl zum Braten

1 Zuerst das Fleisch in feine Streifen schneiden, in etwas Öl scharf anbraten und wieder aus dem Topf nehmen.

2 Zitronengras mit 2–3 Schnitten grob zerkleinern, Knoblauch, Ingwer, Chili, Möhre und Frühlingszwiebel schneiden und in den gleichen Topf geben und leicht anbraten.

3 Kokosmilch, Brühe und das angebratene Entenfleisch zugeben. Alles bei mittlerer Hitze 5 Minuten köcheln, dann die Basilikumblätter, Limettenabrieb und -saft zugeben, mit Sojasoße, Salz, Rohrzucker abschmecken und nochmal 1 Minute kochen.

4 Zitronengrasstücke entfernen, mit Frühlingszwiebeln und Erdnüssen garnieren.

TIPP: Um die Suppe gehaltvoller zu machen, können noch gekochte asiatische Nudeln hinzugegeben oder Reis als Beilage serviert werden.

ZUBEREITET AM: FÜR: ES WAR: ☐ 😊 ☐ 😐 ☐ 😞 NOCHMAL? ☐ja ☐nein

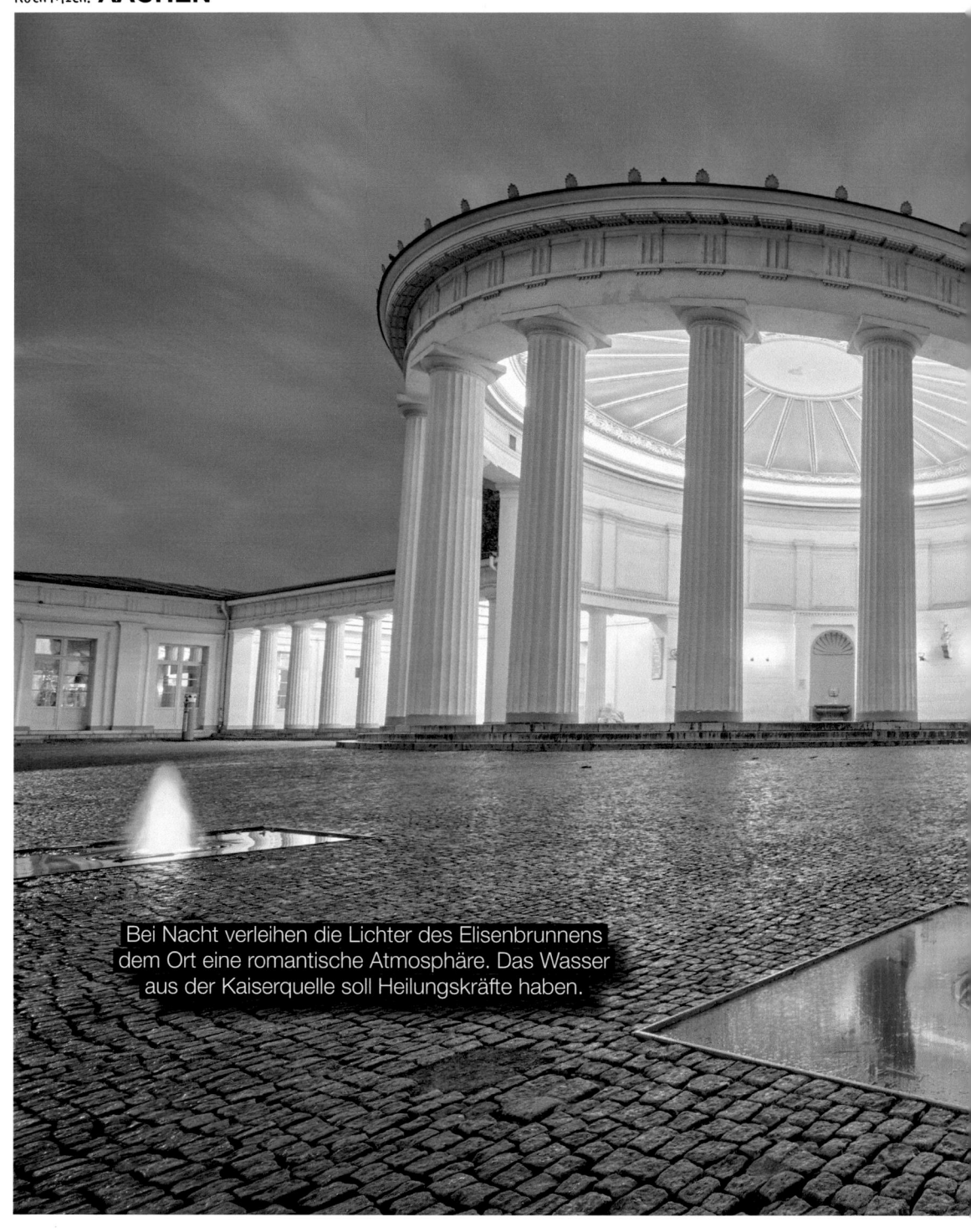

Bei Nacht verleihen die Lichter des Elisenbrunnens dem Ort eine romantische Atmosphäre. Das Wasser aus der Kaiserquelle soll Heilungskräfte haben.

GRANUSTURM-TERRINE

GESUND DANK HUHN

Der rund 20 Meter hohe Granusturm aus dem Jahr 788 zählt zu den ältesten Gebäuden der Stadt. Er ist neben dem Marktturm einer der beiden Aachener Rathaustürme. Links von ihm befindet sich das Standesamt. Welchen Zweck der Turms ursprünglich hatte, ist unklar. Seinen Namen jedenfalls verdankt er dem keltischen Heilgott Grannus. Apropos: Hühnersuppe soll bekanntlich bei Erkältungen gut sein. Wir haben sie für diese Terrine noch etwas aufgewertet.

SCHWIERIGKEITSGRAD:

ZUTATEN FÜR 2 PERSONEN
- 200 g Hühnerklein
- 100 g Hackfleisch vom Rind
- ¼ Lauch
- 1 Stück Sellerie
- 1 Möhre
- ½ Zwiebel
- etwas Blumenkohl
- 1 Handvoll Erbsen
- 1 Ei
- etwas Milch
- Petersilie, Schnittlauch
- Schuss Weißwein
- Muskat
- 1 Lorbeerblatt
- 4 Pfefferkörner
- 2 Wacholderbeeren
- 3 Pimentkörner
- 1 Handvoll Suppennudeln
- Salz und Pfeffer

1 Aus Hühnerklein, Lauch, Sellerie und Möhre, Zwiebel sowie Lorbeerblatt, Pfefferkörnern, Wacholderbeeren und Pimentkörnern mit 1 Liter kaltem Wasser, Salz und Weißwein eine Brühe anfertigen und diese etwa 1 Stunde kochen lassen. Dann Herdplatte ausschalten und alles ziehen lassen, am besten über Nacht.

2 Kalte Brühe durch ein Sieb geben. Gemüse anderweitig verwenden, Hühnerfleisch vom Knochen trennen und in die Brühe zurückgeben. Blumenkohl und Erbsen dazugeben und erwärmen, bis sie gar sind.

3 Hackfleisch mit Schnittlauch, Salz und Pfeffer würzen, durchkneten und kleine Fleischklößchen daraus formen. In einem Topf mit Wasser kochen und bei geringer Hitze darin ziehen lassen, bis sie an der Oberfläche schwimmen. Aus dem Wasser nehmen und beiseite stellen.

4 Eier mit etwas Milch und Petersilie, Salz und Muskat verquirlen. In einen Gefrierbeutel geben, verschließen und in einem Wasserbad 30–40 Minuten gar ziehen lassen. Den Eierstich in kleine Würfel schneiden und beiseitestellen. Die Suppennudeln kurz in Wasser (nicht in der Brühe) garen und abgießen.

5 Fleischklößchen, Eierstich und Suppennudeln in die heiße Brühe geben und nicht mehr kochen. Die gehackte Petersilie und Schnittlauch dazugeben, noch mal mit Pfeffer und Salz abschmecken und servieren.

TIPP: Wer mag, nutzt Tiefkühlgemüse und -kräuter.

ZUBEREITET AM: FÜR: | ES WAR: ☐ 😊 ☐ 😐 ☐ 😞 | NOCHMAL? ☐ ja ☐ nein

AACHENER WALDZÜPPCHE

AUS DEM BUSCH AUF DEN TISCH

Der Aachener Wald – »Öcher Bösch« genannt – liegt wenige Kilometer südlich des Stadt-zentrums. Er diente über Jahrhunderte hinweg als Jagdrevier und der Holzwirtschaft, doch seit 1882 genießt er besonderen Schutz. Er wurde mit Bänken und Hütten ausgestattet und ist seit dem Erholungsgebiet mit mehr als 100 Kilometer auch grenzüberschreitenden und markierten Wegen – zu Fuß, mit dem Rad oder auf dem Pferd. Falls du beim Spaziergang Pilze findest, hast du schon einen Teil der Zutaten für diese köstliche Suppe.

SCHWIERIGKEITSGRAD:

ZUTATEN FÜR 2 PERSONEN
- 250 g gemischte Pilze
- 2 EL Butter
- ½ Zwiebel
- Thymian
- 1 l Gemüsebrühe
- Salz und Pfeffer
- 50 g Graupen
- ½ Becher Schmand
- 1 EL Essig oder Weißwein
- Schnittlauch, Petersilie oder Bärlauch

1 Butter im Topf zerlassen und Zwiebel kurz anbraten. Pilze klein schneiden und Thymian, Salz und Pfeffer, Essig oder Weißwein zugeben. Einige Minuten schmoren lassen. Dann mit Brühe aufgießen, 10 Minuten köcheln lassen und mit einem Pürierstab mixen.

2 Graupen dazugeben und etwa 30 Minuten kochen lassen, bis die Graupen weich sind. Schmand zugeben, wenn die Suppe zu dick ist, eventuell mit Brühe verdünnen.

3 Zum Schluss noch einmal abschmecken und Schnittlauch, Petersilie oder Bärlauch drüberstreuen. Mit gerröstetem Brot servieren.

ZUBEREITET AM: FÜR: ES WAR: ☐ 😊 ☐ 😐 ☐ 😟   NOCHMAL? ☐ ja   ☐ nein

KOCHZEIT sinnvoll nutzen: Zahlen verbinden und dann bunt ausmalen!

39

»Eäzekomp« – Erbsenschüssel – nennt der Volksmund die Bronzeschale, auf der Kaiser Karl thront. Wo steht sie? Seiten 90/91.

14
15
17
13
16
18
12
19
11
20
10
21
22
8
9
23
7
24
25
5
6
26
27
28
29
4
30
3
31
2
32
1
33
35
34

KOCH MICH! **AACHEN**

BEILAGEN

Immer nur Kartoffeln oder Reis? Das muss nicht sein! Schnell zubereitet und richtig lecker sind diese Alternativen.

ABGERISSENER TEUFELSDAUMEN

EIN SNACK ALS GAG

Der Sage nach waren die Kosten für den Dombau derart hoch, dass dem Stadtrat das Geld ausging. So gingen die Ratsherren einen Pakt mit dem Teufel ein und versprachen ihm für das nötige Geld die erste Seele, die den fertigen Dom betreten werde. Doch anstatt eines Menschen trieben sie einen Wolf in die Kirche. Als der Teufel die List bemerkte, schlug er die Tür so wütend zu, dass sie einen Riss bekam und er den Daumen an einem der Türzieher abriss – beides ist bis heute zu sehen. Ganz unblutig ist dieses Halloween-taugliche Gericht.

SCHWIERIGKEITSGRAD:

ZUTATEN FÜR 2 PERSONEN
- 2–4 Wiener Würstchen
- 4–8 Mandelblättchen
- Ketchup

1 Würstchen abwaschen und trocken tupfen. Die Würstchen halbieren (in Aachen heißt es »überbrechen«) und je nach Länge kürzen.

2 An der geschlossenen Würstchenseite mit einem Messer ein »Nagelbett« ausschneiden und je ein Mandelblättchen als Fingernagel hineinstecken. Mit zwei kleinen Einschnitten in der Mitte der Würstchen die Fingerknöchel andeuten.

3 Wurst-Daumen auf Teller oder Platten legen und die offenen Enden mit Ketchup für die Blutoptik verzieren. Beispielsweise an Halloween in einem Hot-Dog-Brötchen servieren.

ZUBEREITET AM: FÜR: ES WAR: ☐ ☐ ☐ 🙁 NOCHMAL? ☐ja ☐nein

KLENKES-KAROTTEN

SCHNELLES FINGERFOOD

Der Klenkes ist der Gruß von Aachenern, wenn sie sich außerhalb der Heimat begegnen. Der emporgestreckte kleine Finger der rechten Hand hat seinen Ursprung in der Tuch- und Nadelindustrie, die in Aachen viele Jahrhunderte florierte. Die Arbeiter, meist Kinder, benutzten ihren rechten kleinen Finger zum Aussortieren der fehlerhaften Nadeln. Dieses »Ausklinken« führte häufig zu Fehlstellungen des kleinen Fingers. Daran konnten sich Aachener auch ohne Worte erkennen. Und genau daran erinnert diese schnelle Beilage.

SCHWIERIGKEITSGRAD:

ZUTATEN FÜR 2 PERSONEN
- 500 g Möhren mit Grün
- 1 Tasse Gemüsefond
- 2 TL Butter
- 1 EL braunen Zucker
- Spritzer Zitronensaft
- 1 EL Petersilie
- Pfeffer

1 Die Möhren schälen und etwa 1 cm Grün stehen lassen.

2 Butter zerlassen, den Zucker darin auflösen und leicht karamellisieren. Dann die Möhren darin gründlich wenden, den Gemüsefond und Zitronensaft dazu geben und fast vollständig einkochen.

3 Mit Petersilie und Pfeffer anrichten.

ZUBEREITET AM: FÜR: | ES WAR: ☐ 😊 ☐ 😐 ☐ 😟 | NOCHMAL? ☐ ja ☐ nein

LINDENPLATZ-LAUCH-LINSEN

LECKER MACHT LAUNE

Der Lindenplatz mitten in Aachen ist eine kleine Oase. Hier darf der Johannisbach seit einigen Jahren wieder oberirdisch fließen, sehr zum Vergnügen der Kleinen. Der Platz ist besonders bei Familien beliebt, denn im Schatten der imposanten Bäume gibt es einige Sitz- und Spielmöglichkeiten. Das traditionsreiche Cafe Einstein lockt mit einem interessanten Bierangebot und Live-Musik wie Jazz, Folk und Blues.

SCHWIERIGKEITSGRAD:

ZUTATEN FÜR 2 PERSONEN
- 1 Stange Lauch
- 250 ml Brühe
- 100 g rote Linsen
- 1 EL Olivenöl
- 5 EL Sahne
- Petersilie
- Salz und Pfeffer
- Spritzer Zitronensaft
- Prise Zucker

1 Lauch in feine Ringe schneiden, in einem Sieb waschen und trocknen. In Olivenöl andünsten und mit Brühe ablöschen. Die roten Linsen dazugeben und zugedeckt etwa 10 Minuten garen, sie sollten aber noch Biss haben.

2 Dann Sahne einrühren und kurz aufkochen lassen. Mit Salz, Pfeffer, Zitronensaft und etwas Zucker abschmecken.

3 Mit Petersilie servieren. Dazu passen Reis oder Kartoffeln.

ZUBEREITET AM:　　　　　FÜR:　　　　　| ES WAR: ☐ ☐ ☐ | NOCHMAL? ☐ja ☐nein

Da lachen (nicht nur) die Hühner. Statt einer Henne hat der Dieb einen Hahn erwischt – und der verrät den Unhold mit seinem lauten Krähen. So zu sehen am Brunnen auf dem Aachener Hühnermarkt.

HOCHSCHULREIS SÜSSSAUER

LEERER BAUCH STUDIERT NICHT GERN

Etwa ein Viertel der Aachener Bevölkerung studiert: an der Rheinisch-Westfälischen Technischen Hochschule Aachen (RWTH) sowie der FH Aachen – University of Applied Sciences zusammen mehr als 60.000 Menschen. Beide Häuser genießen weltweit einen ausgezeichneten Ruf. An der mehr als 150 Jahre alten RWTH stammt etwa ein Drittel der Studierenden aus dem Ausland, vor allem aus China. An der FH liegt der Anteil bei einem Fünftel. Schnell satt werden wollen sie alle – warum also nicht mal Reis servieren?

SCHWIERIGKEITSGRAD:

ZUTATEN FÜR 2 PERSONEN

- 120 ml Gemüsebrühe
- 3 EL helle Sojasauce
- 2 EL Reisessig
- Prise Zucker
- ½ TL Sesamöl
- Chiliflocken oder Szechuan Pfeffer nach Geschmack
- 1 EL Maisstärke
- 1 EL Öl
- 1 Knoblauchzehe
- Stück Ingwer
- 1 Tasse Reis

1 Für die Sauce Öl in einer Pfanne bei mittlerer Stufe erhitzen, fein gehackten Knoblauch und Ingwer hinzufügen und unter ständigem Rühren gut eine Minute erhitzen.

2 Übrige Zutaten in eine Schüssel geben, mit einem Schneebesen umrühren und dann ebenfalls in die Pfanne geben. Die Mischung wenige Minuten köcheln lassen, bis sie eingedickt ist.

3 Reis nach chinesischer Quellmethode: Den Reis mindestens zwei- bis dreimal in einem Sieb waschen. Reis mit 1,5-facher Menge Wasser ohne Salz aufkochen; bei Vollkornreis die doppelte Menge Wasser nehmen. Dann Temperatur reduzieren und sobald der Topfinhalt sanft köchelt, einen Deckel auflegen.

4 Der Reis ist fertig, sobald das Wasser komplett verdampft und aufgesogen ist, je nach Reissorte nach etwa 15–35 Minuten.

TIPP: Zu dem Gericht passen fast alle Gemüsesorten aus dem Wok, Tofu, Fleisch und Fisch, Frühlingsrollen oder Dumplings.

ZUBEREITET AM: FÜR: | ES WAR: ☐ ☐ ☐ | NOCHMAL? ☐ ja ☐ nein

DRACHENZÄHNE
ZUM ZUBEISSEN

»Drachenzähne«: So wird die bis zu 1,50 Meter hohe Höckerline aus zahnförmigen Panzersperren entlang der niederländischen und belgischen Grenze genannt. Sie waren im Zweiten Weltkrieg Teil des Westwalls. In Grenznähe sind noch einige dieser Bodendenkmale erhalten geblieben – eine der größten baulichen Hinterlassenschaften der nationalsozialistischen Diktatur. Sie erinnert bis heute an den dunkelsten Teil der deutschen Geschichte.

SCHWIERIGKEITSGRAD:

ZUTATEN FÜR 2 PERSONEN
- 6 Kartoffeln
- grobes Salz
- Olivenöl
- Rosmarinzweige

1 Kartoffeln waschen und halbieren. Mit der glatten Fläche auf ein Blech legen. Salz, Öl und Rosmarin darüber verteilen.

2 Das Blech in den kalten Ofen schieben und 30–40 Minuten lang bei 200 °C backen.

ZUBEREITET AM: FÜR: | ES WAR: ☐😊 ☐😐 ☐☹️ | NOCHMAL? ☐ja ☐nein

So sah er also mal aus: »Karl der Große«,
Besuchermagnet seiner Heimatstadt.
Die prunkvolle Büste samt Reliquie darin
stammt von 1350 und zieht auch
rund 700 Jahre später noch viele
Aachen-Gäste in ihren Bann.

HÄNG LOUSE

AUF SAND GEBAUT

Nach der Lousbergsage plante der Teufel, sich für den Betrug der Aachener Dombauer zu rächen. Er wollte die Stadt unter einem riesigen Sandhaufen verschütten, wurde aber erneut überlistet. Der Teufel ließ den Sandhaufen nördlich der Stadt fallen, womit der Lousberg entstand – die höchste Erhebung der Aachener Innenstadt. Viele Familien finden sich auf einem der dortigen Spielplätze ein. Spaziergänger genießen die Aussicht am besten in einer der Hängematten am Nordhang. Und genießen dazu dieses leckere Geflügel.

SCHWIERIGKEITSGRAD:

ZUTATEN FÜR 2 PERSONEN
- 500g in Teile zerlegtes Brathähnchen oder Hühnerflügel
- 2 Zwiebeln
- 2 Knoblauchzehen
- 2 große Stücke Ingwer
- 50 ml Sojasauce
- 3 EL braunen Zucker
- Öl zum Braten

1 Fleisch waschen und zusammen mit den geviertelten Zwiebeln, geschälten Ingwerstückchen und Knoblauchzehen für einige Minuten im Öl scharf anbraten.

2 Die Sojasauce dazugeben und braunen Zucker hinzufügen.

3 Hähnchen immer wieder wenden und auf kleiner Flamme 20–30 Minuten leicht köcheln lassen, bis alles gar ist. Mit Reis servieren. Aloha!

ZUBEREITET AM:　　　　FÜR:　　　　| ES WAR: ☐ ☐ ☐ | NOCHMAL? ☐ja ☐nein

DREIERLEI SCHATZKAMMERPÜREE MIT EIFELKAVIAR

FEINE KOST UND GROSSE POLITIK

In der Domschatzkammer bekommen Besucher den Kirchenschatz des Aachener Doms zu sehen, eine der bedeutendsten Sammlungen kirchlicher Kulturschätze der Welt. Dazu gehören Werke aus spätantiker, byzantinischer, karolingischer, ottonischer, staufischer und gotischer Zeit. Die Sammlung wurde 1978 samt Dom als erstes Denkmal auf deutschem Boden in die Liste des Unesco-Weltkulturerbes aufgenommen. Entsprechend pompös fällt dieses Trio aus – inklusive Bonus.

SCHWIERIGKEITSGRAD:

ZUTATEN FÜR 2 PERSONEN

Für das Rote-Beete-Püree:
- 300 g mehligkochende Kartoffeln
- 200 g Rote Bete
- etwas weiche Butter
- 65 ml Milch
- Salz, Pfeffer
- Röstzwiebeln

Für das Rosenkohl-Püree:
- 300 g Rosenkohl, frisch oder tiefgefroren
- 1 Schalotte
- 1 EL Olivenöl
- 50 g Sahne
- 1 EL Butter
- Salz, Pfeffer, Muskatnuss
- Walnüsse

Für das Sellerie-Püree:
- 200 g mehlig kochende Kartoffeln
- 100 g Knollensellerie
- 100 ml Milch
- 1 EL Butter
- Salz, Pfeffer

Für den Eifelkaviar:
- Brennnesselsamen
- 1 TL Rapsöl
- Salz

1 Für das Rote-Beete-Püree: Kartoffeln und Rote Bete schälen, in grobe Stücke schneiden und zusammen in einem Topf mit Salzwasser zugedeckt bei mittlerer Hitze in ca. 20 Min. weich kochen. Die Kartoffel-Bete-Mischung abgießen. Milch und 25 g Butter dazugeben und alles mit dem Kartoffelstampfer grob pressen. Das Püree mit Salz und Pfeffer würzen, mit Röstzwiebeln servieren.

2 Für das Rosenkohl-Püree: Den Rosenkohl putzen, den Strunk über Kreuz einschneiden und in kochendem Salzwasser etwa 5 Min. garen. Dann herausheben, abschrecken und abtropfen lassen. Schalotten schälen, fein würfeln und in Öl in einem Topf erhitzen. Schalotten glasig dünsten, dann Rosenkohl und Sahne dazugeben. Kohl zugedeckt bei niedriger Hitze etwa 5 Minuten weich garen. Anschließend Butter zufügen und alles fein pürieren. Das Püree mit Salz, Pfeffer und Muskat abschmecken. Mit gehackten Walnüssen servieren.

3 Für das Sellerie-Püree: Kartoffeln und Sellerie schälen und würfeln. In Salzwasser zugedeckt weichkochen. Die Milch erwärmen und die Butter darin zerlaufen lassen. Kartoffelmischung abgießen, fein zerdrücken und mit der Milch mischen. Mit Salz und Pfeffer würzen. Mit Eifelkaviar servieren.

4 Für den Eifelkaviar: Brennnesselsamen mit Handschuhen von der Pflanze abstreifen. Samen im Ofen bei 50 °C trocknen lassen und anschließend sieben. In Rapsöl langsam erhitzen und mit einer Prise Salz rösten. Vorm Servieren über die drei Sorten Püree als Topping geben.

ZUBEREITET AM: FÜR: ES WAR: ☐😊 ☐😐 ☐☹ NOCHMAL? ☐ja ☐nein

Alles dreht sich an diesem Brunnen um ein Thema. Nur: welches? Seiten 104/105.

KOCHZEIT sinnvoll nutzen: Zahlen
verbinden und dann bunt ausmalen!

KOCH MICH! AACHEN

SALATE

Klassisch oder lieber ausgefallen?
Hier haben wir ihn, den Salat.
Frische Kost für jeden Geschmack
darf beim Menü nicht fehlen.

KAISER KARLS WILDKRÄUTER-SALAT
ES GRÜNT SO GRÜN

Karl der Große verordnete Höfen und Dörfern strenge Vorgaben. Darin regelte er den Anbau von Wein, Gerste, Flachs, Hirse, Kohl und Hanf sowie von Heilkräutern und Obstbäumen. So genannte Karlsgärten setzen sein Konzept um. Es gibt sie unter anderem in Deutschland, Österreich und Frankreich. Allein in Aachen sind zwei zu finden: direkt am Rathaus sowie am Gut Melaten. Nicht nur dort wachsen Zutaten für diesen Salat.

SCHWIERIGKEITSGRAD:

ZUTATEN FÜR 2 PERSONEN
- Wildkräuter wie Löwenzahn, Sauerampfer, Giersch, Gänseblümchen, Spitzwegerich, Bärlauch, Knoblauchsrauke, Schafgarbe, Huflattich, Zitronenmelisse, Kapuzinerkresse
- Handvoll Feldsalat
- Himbeeren oder Blaubeeren
- einige Sonnenblumenkerne

Für die Vinaigrette:
- 3 EL neutrales Öl (z. B. Distelöl oder Traubenkernöl)
- 1 kleine Schalotte
- 1 TL Senf
- 1 EL Honig
- 2 EL Balsamico
- Salz, Pfeffer

1 Die Wildkräuter sorgfältig waschen, trocken schleudern und in mundgerechte Stücke zupfen. Die Beeren waschen und trocken tupfen.

2 Für die Vinaigrette die Schalotte sehr fein hacken und in ein ausgespültes Marmeladenglas geben. Dann die restlichen Zutaten hineingeben und das Glas kräftig schütteln bis sich Honig und Salz aufgelöst haben.

3 Sonnenblumenkerne in einer Pfanne ohne Öl anrösten.

4 Wildkräuter, Himbeeren oder Blaubeeren und Sonnenblumenkerne in eine Schüssel geben und mit der Vinaigrette beträufeln.

TIPP: Einen milden Essig verwenden, weil viele Wildkräuter bereits säuerlich schmecken.

ZUBEREITET AM: FÜR: ES WAR: ☐😀 ☐😐 ☐☹ NOCHMAL? ☐ja ☐nein

DRESSIERTER FRÜHLINGSSALAT

HOPPE, HOPPE REITER

Seit 100 Jahren trifft sich die deutsche und internationale Pferdesport-Elite einmal im Jahr beim CHIO in Aachen, dem Weltfest des Pferdesports. Im Sportpark Soers geht es dann um Disziplinen wie Spring-, Dressur- und Vielseitigkeitsreiten, um Kutschenfahren und Voltigieren. Und natürlich auch um sehen und gesehen werden. Im Galopp ist dieser leichte Salat zubereitet – die Erdbeeren sorgen für die nötige Portion Süße.

SCHWIERIGKEITSGRAD:

ZUTATEN FÜR 2 PERSONEN
- 150 g Salatmischung z. B. Kopfsalat, Rucola, Roma Salat
- 6 Radieschen
- 4 Erdbeeren
- 1 Frühlingszwiebel
- ½ Salatgurke
- 150 g Kirschtomaten
- 200 g Grüner Spargel
- 2 Eier
- 1 Mozzarella

Für das Dressing:
- 4 EL Naturjoghurt
- 1 EL Honig
- 2 EL Apfelessig
- 1 EL körniger Senf
- 2 EL Olivenöl
- Salz, Pfeffer

1 Eier sieben Minuten kochen und danach in kaltes Wasser legen.

2 Salat waschen, trocknen und in mundgerechte Stücke zupfen. Radieschen und Frühlingszwiebel in dünne Scheiben schneiden. Salatgurke und Kirschtomaten klein schneiden.

3 Grünen Spargel kurz ohne Öl in beschichteter Pfanne anbraten, klein scheiden. Erdbeeren vierteln. Alles zusammen in eine Schüssel geben und vorsichtig umrühren.

4 Für das Dressing Olivenöl, Apfelessig, Joghurt, Senf, Honig in ein ausgespültes Marmeladenglas geben. Dann die restlichen Zutaten hineingeben und das Glas kräftig schütteln und mit Salz und Pfeffer abschmecken. Dressing auf den Salat geben und erneut umrühren.

3 Mozzarella würfeln, Eier schälen und halbieren und obendrauf legen.

Vorsicht, gruselig. Der Finger des Teufels soll in dieser Tür am Dom stecken geblieben und abgerissen sein. Manche behaupten, er ist noch immer im Inneren des Knaufs zu fühlen.

BUNTER BOCKREITER-SALAT

ROBIN HOOD LÄSST GRÜSSEN

Es war eine Zeit der totalen Armut. Die einfachen Menschen litten unter den Folgen von Kriegen, Krankheiten und streunenden Räubern. Kirche und Aristokraten dagegen war die Not gleichgültig. So schlossen sich mittellose Bauer und verarmte Handwerker zusammen, um selbst zu stehlen und zu rauben. Die »Bockreiter« waren zwischen 1730 und 1780 im heutigen Grenzgebiet zwischen Deutschland, Belgien und den Niederlanden aktiv. Da sie oft ihre Beute an die Armen verschenkten, wurden sie auch »Robin-Hood-Bande« genannt.

SCHWIERIGKEITSGRAD:

ZUTATEN FÜR 2 PERSONEN
- 100 g gemischter Blattsalat
- 100 g Ziegenkäse Rolle
- 1 jungen Kohlrabi
- 1 kleiner Apfel
- 1 Möhre
- handvoll Haselnüsse
- 1 TL körniger Senf
- Prise Zucker
- 4 TL Honig
- 2 EL Apfelessig
- 2 EL Olivenöl
- Salz, Pfeffer, Dill

1 Kohlrabi, Apfel und Möhre schälen und in grobe Streifen reiben und zusammen mit dem Blattsalat in eine Schüssel geben.

2 Essig, Öl, Senf, Dill, Prise Salz und Zucker miteinander verrühren und unter die Gemüsemischung mengen, ziehen lassen.

3 Nüsse ohne Öl in einer Pfanne rösten und grob hacken.

4 Ziegenkäse in 4 dicke Scheiben schneiden und auf ein Backblech legen. Jede Scheibe mit je 1 TL Honig bestreichen. Im Backofen backen, bis der Käse zu zerlaufen beginnt.

5 Auf Tellern anrichten, zuerst der Salat, dann die Nüsse und darauf den gratinierten Ziegenkäse.

STUDENTENSALAT C.A.R.L.
·······································

HEUTE MAL NICHT IN DIE MENSA

Die meisten Studierenden an RWTH oder FH Aachen haben sich für Technik oder Naturwissenschaften entschieden. Sie haben wenig Zeit zum Kochen – und schnelle Gerichte wie dieser Blitzsalat sind deshalb beliebt. Den Namen bekommt er vom C.A.R.L. – kurz für: Central Auditorium for Research and Learning –, einem Hörsaalgebäude nahe des Westbahnhofs. Es bietet Platz für etwa 4000 Studierende und ist damit eines der größten Hörsaalgebäude Europas.

SCHWIERIGKEITSGRAD:

ZUTATEN FÜR 2 PERSONEN

- Dose grüne Bohnen
- Dose Mais
- Dose Kichererbsen
- Dose Thunfisch
- Dose weiße, schwarze oder Kidney Bohnen
- 1 Glas Rote Bete
- 1 rote Zwiebel oder Frühlingszwiebel
- 50 g Joghurt
- 50 g Mayonnaise
- Essig, Öl
- Salz, Pfeffer
- getrocknete Kräuter

1 Je nach Vorrat und Appetit zwei, drei oder noch mehr unterschiedliche Dosen öffnen, Inhalt in ein Sieb geben und waschen – nur den Thunfisch nicht. Zwiebel fein schneiden und zusammen mit abgewaschenem Gemüse, Joghurt und Mayonnaise in eine Schüssel geben.

2 Essig und Öl dazugeben, mit Salz und Pfeffer abschmecken, nach Belieben mit getrockneten Kräutern verfeinern etwa Oregano, Majoran oder Dill.

3 Etwas ziehen lassen und den Kommilitonen servieren – und je nach Anzahl der Gäste die Menge der Zutaten flexibel anpassen.

TIPP: Gekochter Reis oder gekochte Nudeln vom Vortag eigenen sich hervorragend als Ergänzung und werden einfach unter den Salat gehoben.

ZUBEREITET AM: FÜR: | ES WAR: □ □ □ | NOCHMAL? □ ja □ nein

BÜTZJE-BIER-BOWL
·······················
LUSTIG MACHT HUNGRIG

Alaaf! Karneval ist in Aachen wie im gesamten Rheinland genetisch verankert. Seit dem 19. Jahrhundert wird geschunkelt, gefeiert und jebütz (geküsst). Höhepunkt der jecken Jahreszeit sind die Umzüge in der Stadt und der Umgebung. Gegen Ende der Session verleiht der Aachener Karnevalsverein den »Orden wider den tierischen Ernst« an bekannte Persönlichkeiten. Grundlage jeder karnevalistischen Feierlichkeit ist eine deftige Mahlzeit.

SCHWIERIGKEITSGRAD:

ZUTATEN FÜR 2 PERSONEN
- 1 Selleriestange
- 1 Möhre
- 1 Apfel
- 150 g Lyoner
- 100 g Maasdammer
- 1 kleine Zwiebel
- 100 g eingelegte Gurken

Petersilie

Für das Dressing
- 50 ml Bier
- Prise Zucker
- gekochtes Eigelb
- 1 TL Senf
- 2 EL Olivenöl
- 1 EL Weinessig oder Balsamicoessig
- Salz, Pfeffer, Cayennepfeffer

1 Zutaten in feine Streifen schneiden, die Petersilie hacken. Nach Belieben alles in einer Schüssel vermischen oder getrennt drapieren.

2 Für das Dressing das gekochte Eigelb zerdrücken und den übrigen Zutaten vermengen. Mit Salz, Pfeffer und Cayennepfeffer abschmecken.

3 Anschließend das Dressing über die Bowl geben und etwas durchziehen lassen. Mit Brot servieren.

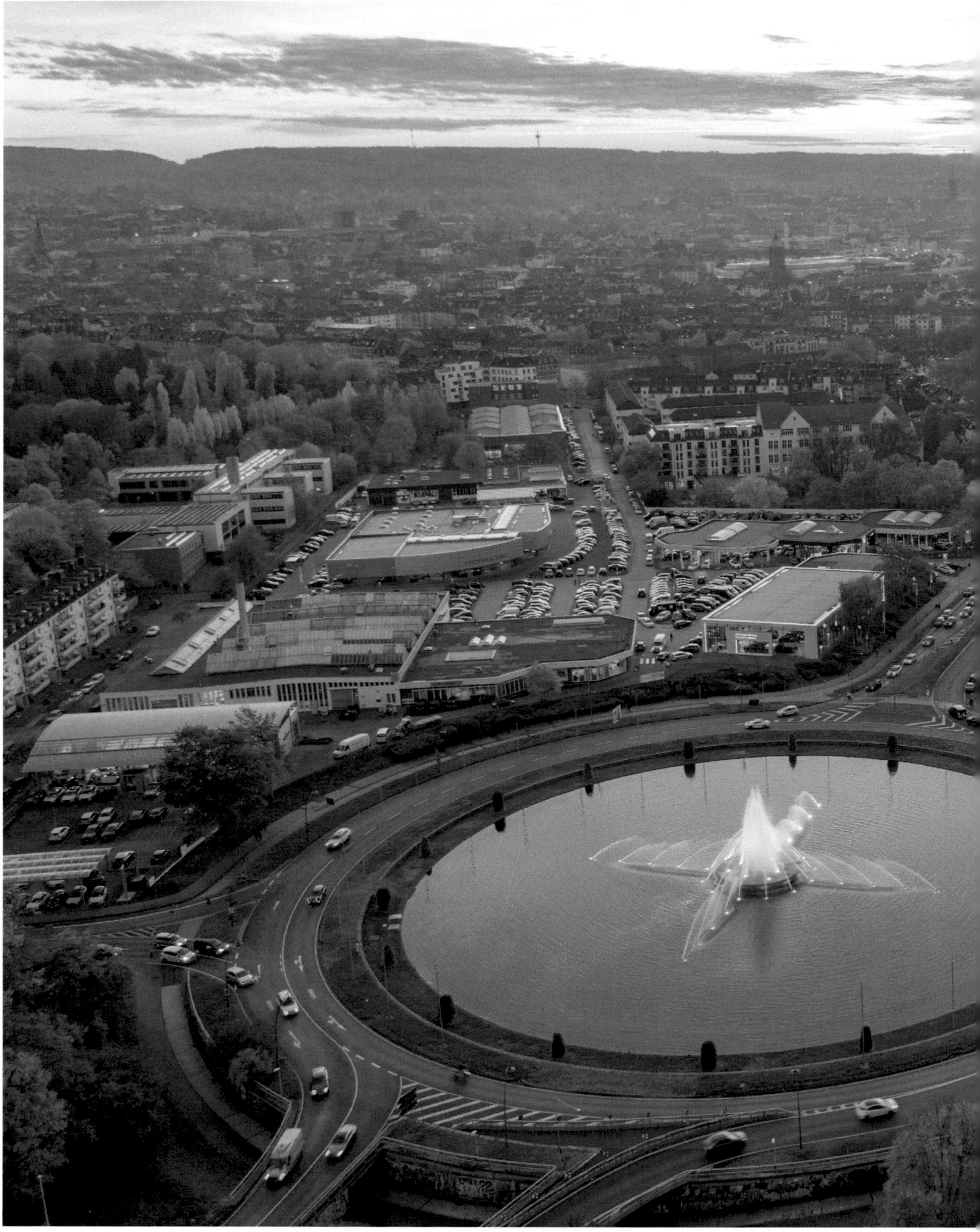

Da ist die Wurm drin: Der gleichnamige Fluss nämlich verbirgt sich unter der Fontäne am Europaplatz. Im Kreisverkehr sprudelt der größte Brunnen Aachens – drumherum sind die Fahnen der EU und ihrer Mitgliedsstaaten aufgezogen.

CAMPUSKAPPES

NICHT NUR FÜR STUDENTEN

Aachen hat keine klassische Campus-Universität. Lehrstühle und Institute von RWTH und FH sind stattdessen im ganzen Stadtgebiet verteilt. Seit 2009 entsteht jedoch eine der größten technologieorientierten Forschungslandschaften Europas. Wissenschaft und Wirtschaft forschen jetzt schon gemeinsam auf dem RWTH Aachen Campus. Wer viel arbeitet, muss auch essen. Wir servieren Weißkohl, in Aachen »Kappes« genannt.

SCHWIERIGKEITSGRAD:

ZUTATEN FÜR 2 PERSONEN
- ¼ Weißkohl
- 1 TL Salz
- ½ TL Pfeffer
- 1 TL Zucker
- 2 EL Apfelessig
- 2 EL Sonnenblumenöl oder Rapsöl
- Prise Kümmel

1 Kohl mit einem großen Messer sehr fein schneiden oder hobeln und mit je der Hälfte der restlichen Zutaten in eine große Schüssel geben.

2 Kräftig mit den Händen durchkneten und anschließend mindestens eine Stunde durchziehen lassen. Noch einmal abschmecken und gegebenenfalls nachwürzen.

TIPP: Statt Weißkohl eignet sich auch Spitzkohl, dann ist der Salat ein wenig milder. Gut schmecken auch ein paar geraspelte Möhren darin.

KOMKOMMER COCKERILL-TELLER

VOLLDAMPF VORAUS

William Cockerill verließ Ende des 18. Jahrhunderts England, um dampfbetriebene Spinn-maschinen herzustellen. In St. Petersburg, Schweden und Hamburg hatte er keinen Erfolg. Erst im belgischen Verviers, 30 Kilometer von Aachen entfernt, waren die Voraussetzungen optimal. Durch geschickte Hochzeiten seiner Kinder mit wohlhabenden Tuchmacherfamilien der Region entstand so die Keimzelle der industriellen Revolution Kontinentaleuropas. Auf Öcher Platt heißt Gurke »Komkommer« – und dieser Salat schmeckt nicht nur in Aachen.

SCHWIERIGKEITSGRAD:

ZUTATEN FÜR 2 PERSONEN
- 1 Bio-Salatgurke
- 1 kleine Schalotte
- 1 El Weißweinessig oder Zitrone
- 3 El Crème fraîche oder Schmand
- Dill
- Salz, Pfeffer
- Prise Zucker

1 Die Gurke mit Schale in dünne Scheiben hobeln, in eine Schüssel geben und salzen. 5 Minuten ziehen lassen, dann den entstandenen Sud abgießen.

2 Für das Dressing Schalotte fein würfeln und mit Essig, Öl, Salz, Pfeffer, Zucker, Dill und Crème fraîche ver-rühren.

3 Dann das Dressing an die Gurken geben, etwa 15 Minu-ten durchziehen lassen und noch einmal abschmecken.

ZUBEREITET AM: *FÜR:* | ES WAR: ☐😊 ☐😐 ☐☹ | NOCHMAL? ☐ja ☐nein

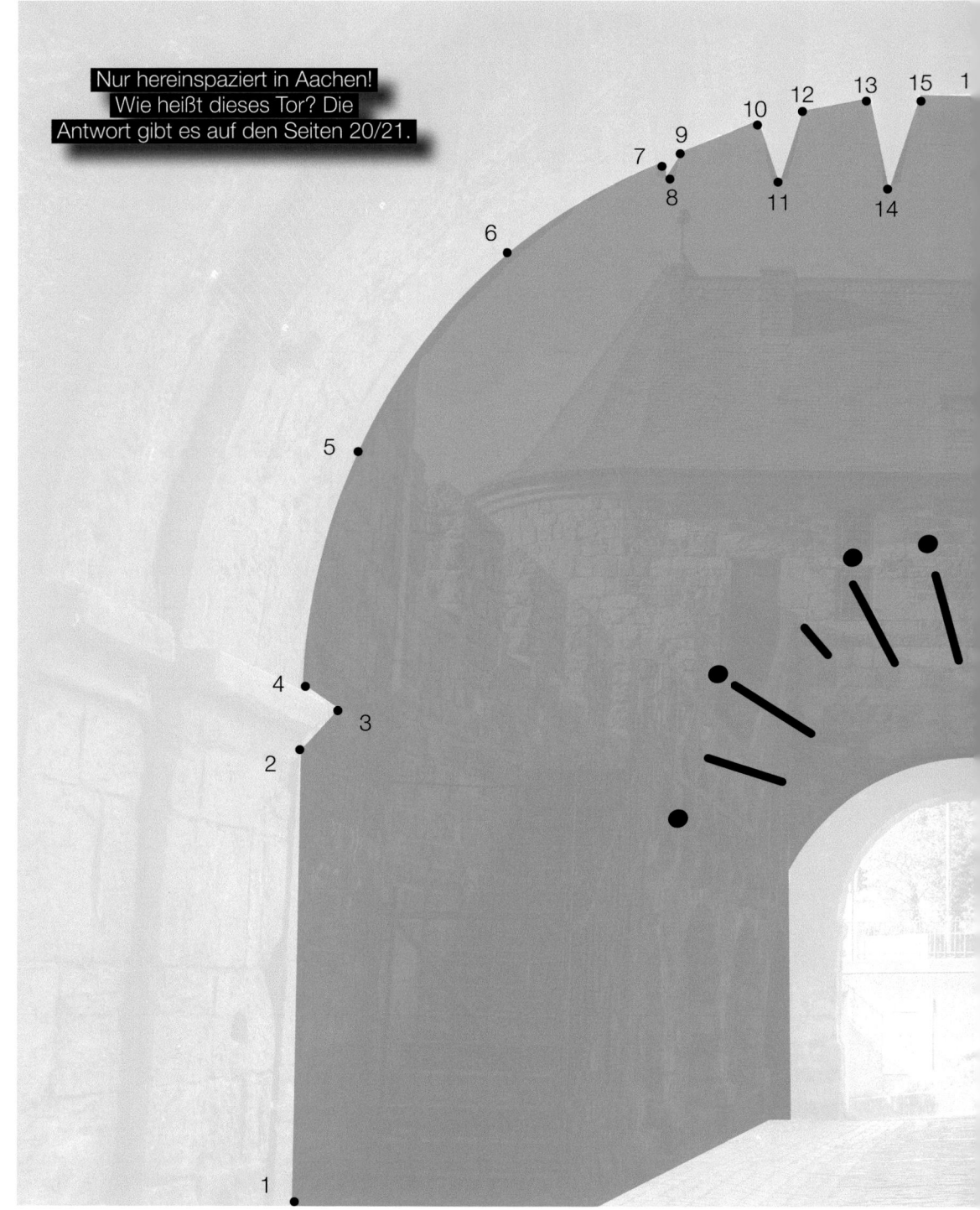

Nur hereinspaziert in Aachen!
Wie heißt dieses Tor? Die
Antwort gibt es auf den Seiten 20/21.

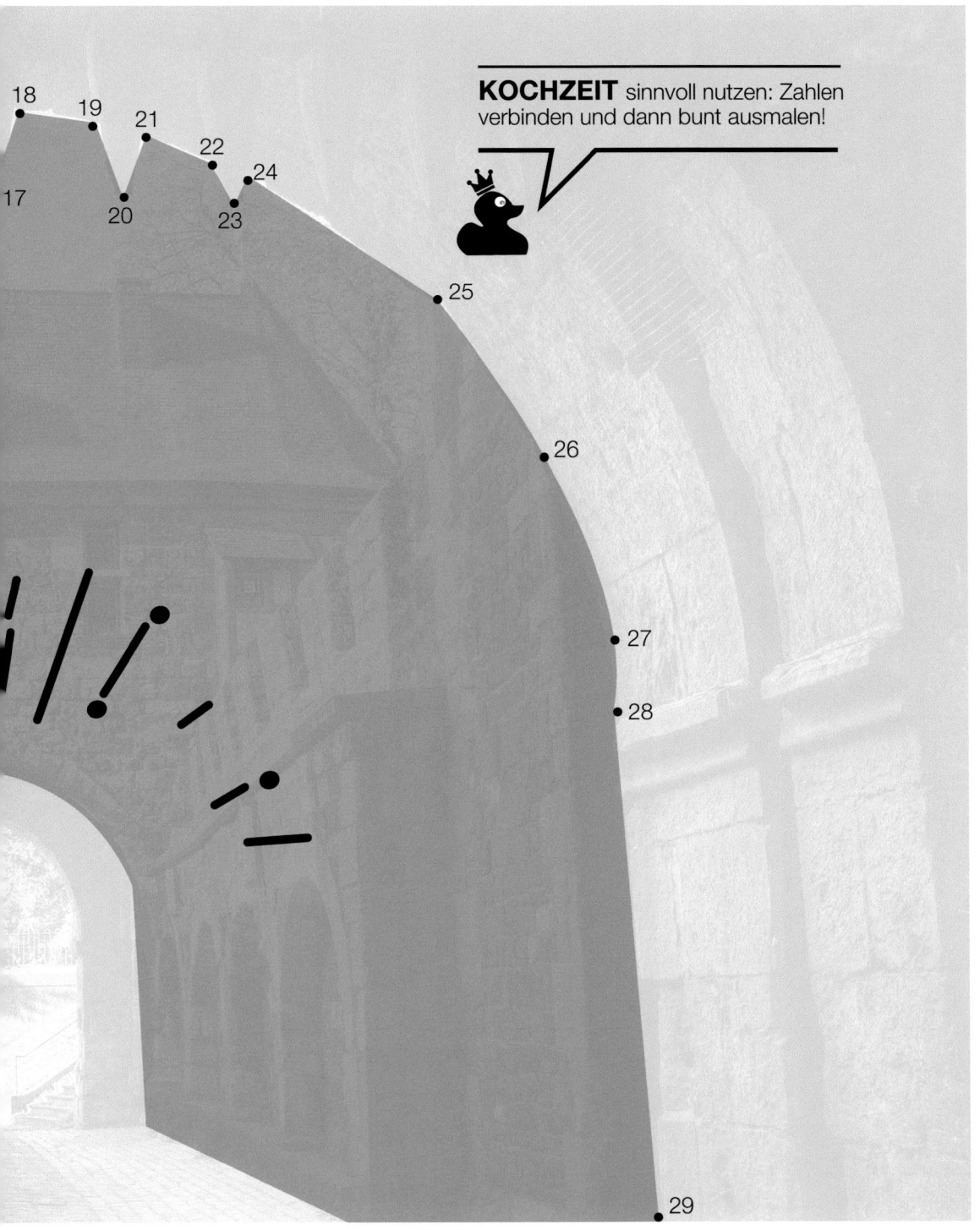

KOCHZEIT sinnvoll nutzen: Zahlen verbinden und dann bunt ausmalen!

KOCH MICH! **AACHEN**

HAUPTGERICHTE

Da werden die Gäste Augen machen. Von Fisch bis Fleisch ist alles dabei: Rezepte für jeden Tag oder das opulente Festmahl.

HOTMANNSBEEF-CHILIBURGER

LASS ES SPRUDELN

Die Hotmannspief ist ein historischer Brunnen aus Blaustein, aus dem nach wie vor Trinkwasser fließt. Nachweislich befand sich hier schon im 14. Jahrhundert ein Brunnen. Als noch reger Kutschenverkehr in Aachen herrschte, wurde er gerne als Pferdetränke genutzt. Die heutige Form erhielt die Hotmannspief 1825 nach Entwürfen von Stadtbaumeister Adam Franz Friedrich Leydel. Die vergoldeten Jungfrauen stammen aus dem Jahr 1830. »Pief« bedeutet Rohr oder Wasserauslauf. Unseren Burger gibt es mit Beef statt Pief.

SCHWIERIGKEITSGRAD:

ZUTATEN FÜR 2 PERSONEN
- 2 große Burger Buns (Brötchen)
- 250 g Hackfleisch vom Rind
- 1 Tomate
- 2 Salatblätter
- frische Chili oder eingelegte Jalapeños aus dem Glas
- 2 EL würziger Ketchup
- 2 EL Mayonnaise
- 2 Scheiben Käse
- geröstete Zwiebeln oder frische Zwiebelringe
- ein paar Scheiben Salatgurke
- Öl zum Braten

1 Hackfleisch mit Salz und Pfeffer würzen und ein paar Minuten kneten, dann Pattys formen. Pattys mit etwas Öl bei mittlerer bis starker Hitze von beiden Seiten anbraten. Je kürzer, desto saftiger bleiben sie. Sobald die zweite Seite dran ist, den Käse darauf legen.

2 Tomate und Gurke in Scheiben, Zwiebel und Chilis in Ringe schneiden. Salat waschen und einzelne Blätter zupfen.

3 Burger Buns halbieren und kurz im Backofen oder auf dem Toaster erwärmen.

4 Dann die untere Brötchenhälfte mit Ketchup bestreichen, erst Salat, dann Gurke und schließlich den Burger Patty drauflegen.

5 Mit Tomaten und Chili und Zwiebelringen garnieren, dann die zweite Bunhälfte mit Mayo bestreichen und daraufsetzen. Mit Kartoffel-Wedges servieren.

ZUBEREITET AM: FÜR: | ES WAR: ☐ ☐ ☐ ☹ | NOCHMAL? ☐ja ☐nein

VEGANE SCHLACHTHOFPLATTE

EIN HERZ FÜR TIERE

Der Alte Schlachthof ist ein riesiger Gebäudekomplex, der in den 1890er Jahren erbaut und mehrfach erweitert wurde: Schlachthallen für Kälber, Rinder, Schweine und Pferde, Verwaltungs- und Direktionsgebäude, Kuttlerei mit Düngerhaus, Markt- und Abholhallen, Wasserturm und Schauamt. 2002 war Schluss mit dem Schlachtbetrieb und einige Gebäude wurden zu Gewerbe-, Büro- und Veranstaltungsräumen umfunktioniert. Seit 2013 stehen sie unter Denkmalschutz. Unser Menü kommt ganz ohne Fleisch aus.

SCHWIERIGKEITSGRAD:

ZUTATEN FÜR 2 PERSONEN

Für das Sauerkraut
- 300 g rohes Sauerkraut
- 50 ml Gemüsebrühe
- 1 Zwiebel
- 2 Knoblauchzehen
- 2 EL Margarine
- Kümmel, 3 Wacholderbeeren, 2 Lorbeerblätter
- 1 Kartoffel

Für den veganen Braten
- 100 g grüne oder braune Linsen
- kleines Stück Sellerie
- 1 kleine Möhre
- 100 g Kidneybohnen oder Schwarze Bohnen (Dose)
- 1 TL Haferflocken
- handvoll Walnüsse
- 1 TL Semmelbrösel
- 1 TL Tomatenmark
- 1 TL Senf
- 1 TL Sojasauce
- Öl zum Anbraten

Für die vegane Bratensoße
- 200 ml Gemüsebrühe
- 20 g getrocknete Pilze
- 1 Zwiebel
- 1 Knoblauchzehe
- 1 EL Olivenöl
- 1 TL Stärke
- 1 TL Mehl
- 1 EL Essig
- Thymian, Rosmarin frisch oder getrocknet

- Salz, Pfeffer, Zucker

1 Für das Sauerkraut: Rohes Sauerkraut kurz unter fließendem Wasser abspülen. Zwiebel und Knoblauch hacken und mit einer Prise Kümmel in Margarine andünsten. Mit Brühe ablöschen und Sauerkraut hinzufügen. Kartoffel schälen und fein reiben, dann mit Wacholderbeeren und Lorbeerblätter ebenfalls zugeben. Bei schwacher Hitze 30 Minuten garen und mit Salz und Pfeffer abschmecken. Vor dem Servieren Wacholderbeeren und Lorbeerblätter entfernen.

2 Für den veganen Braten: Die Linsen waschen und weichkochen. Sellerie und Möhre klein schneiden und mit Öl in einer Pfanne kurz anbraten. Die Bohnen mit einer Gabel zerdrücken, Walnüsse grob hacken. Anschließend alle Zutaten in einer Schüssel mit der Hand kneten und vermengen. Zu eine Rolle formen und im Ofen bei 200 °C etwa 45 Minuten backen.

3 Für die vegane Bratensoße: Pilze in der heißen Brühe einweichen. Gehackte Zwiebel und Knoblauchzehe in Olivenöl anschwitzen Essig und Zucker, Stärke und Mehl dazugeben und gründlich verrühren. Thymian und Rosmarin sowie Brühe mit Pilzen hinzugeben und wenige Minuten kochen. Dann mit einem Pürierstab fein zu mixen. Noch einmal aufkochen und mit Salz und Pfeffer abschmecken.

TIPP: Dazu vegane Würstchen und Salzkartoffeln servieren und nach Belieben mit gerösteten Zwiebelringen garnieren.

AACHENER THERMALQUELLEN-WELS

GANZ SCHÖN HEISS

Die ergiebigen Thermalquellen unter dem Stadtgebiet von Aachen bringen stark schwefelhaltiges, bis zu 74 °C heißes Wasser an die Oberfläche. Es soll Rheuma und viele andere Krankheiten heilen. Die Quellen im Stadtteil Burtscheid gehören zu den heißesten Quellen Mitteleuropas. Zu heiß allerdings, um darin zu baden – weshalb sie mit kälterem Wasser gemischt werden. Genau richtig jedoch, um damit Sous-vide zu garen: unter Vakuum also.

SCHWIERIGKEITSGRAD:

ZUTATEN FÜR 2 PERSONEN
- 400 g Wels
- Zitronenschale, Öl
- Salz, Pfeffer

Zum Sous-vide-Garen – dem Garen unter Vakuum – wird ein Vakuumierer benötigt, dazu ein Dampfgarer oder ein spezieller Sous-vide-Stick, der wie eine Art Tauchsieder in den Topf gehängt wird. Wer keinen Vakuumier hat, kann sich den Fisch auch frisch beim Händler in hitzebeständige Folie einschweißen lassen. Als Ersatz für den Dampfgarer kann ein Topf mit Wasser verwendet werden. Entscheidend ist dabei die konstante Temperatur beim Garen, die mit einem Thermometer kontrolliert werden muss.

1 Zuerst werden die Welsfilets mit etwas Zitronenschale und Öl in einen Sous-vide-Vakuumbeutel gegeben und luftdicht verschlossen.

2 Dann für 40 Minuten in den Garer geben; die ideale Kerntemperatur für Fisch liegt bei etwa 50 °C.

3 Die gegarten Filets auf einem Teller anrichten und mit Salz und Pfeffer abschmecken. Mit Reis und Saisongemüse servieren.

ZUBEREITET AM: FÜR: | ES WAR: ☐ ☐ 😐 ☐ 🙁 | NOCHMAL? ☐ ja   ☐ nein

Mit Zepter und Krone wacht
»Karl der Große« vor dem Rathaus
auf dem ältesten Brunnen der Stadt
über »seine« Aachener.

DREILÄNDER-ECK-PIZZA

KROSS UND KÖSTLICH

Am Dreiländerpunkt, etwa 5 Kilometer von Aachens Stadtzentrum entfernt, treffen sich Deutschland, Belgien und Holland auf dem Vaalserberg. Es ist mit mehr als 320 Metern die höchste Erhebung der Niederlande. Besucher finden hier den 50 Meter hohen Baudouin-Turm, das größte Labyrinth der Niederlande, Restaurant und Schnellimbiss sowie einen Kinderspielplatz. Einst berührten sich hier sogar vier Länder: Von 1816 bis 1919 gab es den unabhängigen Zwergstaat Neutral Moresnet, der heute zu Belgien gehört.

SCHWIERIGKEITSGRAD:

ZUTATEN FÜR 2 PERSONEN

Für den Teig:
- 250 g Weizenmehl
- 150 ml Wasser
- ½ TL Salz
- ½ Päckchen Trockenhefe
- 2 EL Olivenöl

Für die Sauce:
- ½ Dose Pizzatomaten
- ½ TL Salz, Oregano

Belag:
- 100 g Rookworst und 100 g Gouda (Niederlande)
- 100 g Miesmuscheln aus dem Glas und 100 g Limburger (Belgien)
- 100 g Lauch und 100 g Bergkäse (Deutschland)

1 Hefe im lauwarmen Wasser auflösen und eine Prise Zucker zugeben, 5 Minuten stehen lassen. Dann Mehl, Hefewasser, Olivenöl und Salz mit den Händen gut durchkneten.

2 Den Pizzateig halbieren, mit einem Handtuch abdecken und etwa 45 Minuten an einem warmen Ort gehen lassen.

3 Für die Sauce Pizzatomaten mit Salz und einer Prise getrocknetem Oregano verrühren. Dann die Teighälften noch einmal kräftig durchkneten, jeweils ausrollen, mit der Sauce bestreichen.

4 Rookworst und Lauch in Scheiben schneiden, die Käse reiben. Die beiden Pizzen jeweils zu einem Drittel mit den Landeszutaten belegen und im vorgeheizten Ofen auf höchster Stufe 10–15 Minuten fertig backen.

HÜHNERDIEB MIT ZITRONE

SCHMECKT KRIMINELL GUT

Der Hühnerdieb ist ein Brunnendenkmal auf dem Aachener Hühnermarkt direkt vor dem Couvenmuseum, in dem bürgerliche Wohnkultur des 18. und frühen 19. Jahrhunderts ausgestellt wird. Die Skulptur zeigt einen Jungen, der beim Diebstahl ertappt wird. Statt eines Huhns hat er einen Hahn erwischt und als dieser anfängt zu krähen, fliegt alles auf. Die Bronzefigur des Berliner Bildhauers Hermann Joachim Pagels stammt aus dem Jahr 1913. Keine Bange, bei unserem Rezept bleibt das Hähnchen ganz still.

SCHWIERIGKEITSGRAD:

ZUTATEN FÜR 2 PERSONEN
- ½ Brathähnchen
- 2 Knoblauchzehen
- 1 Zwiebel
- 1 Bio-Zitrone
- 50 ml Olivenöl
- Salz und Pfeffer
- 1 Zweig Rosmarin

1 Das Hähnchen grob zerteilen und mit der Haut nach oben auf einem tiefen Backblech oder in einer Auflaufform geben. Zwiebel und Knoblauch klein schneiden und zusammen mit Zitronenschale, Zitronensaft, Rosmarin, Olivenöl, Salz und Pfeffer dazu geben und verteilen.

2 In den Backofen schieben und bei 200 °C etwa 40 Minuten braten. Backofen ausschalten und weitere 10 Minuten in der Nachwärme stehen lassen.

TIPP: Mehrere Kartoffeln vierteln und zusammen mit dem Hähnchen backen.

ZUBEREITET AM: FÜR: ES WAR: ☐😊 ☐😐 ☐☹️   NOCHMAL? ☐ja ☐nein

Im Aachener Kurpark lässt es sich vortrefflich wandeln – nicht nur im Frühling, wenn die Natur erwacht und alles zu blühen beginnt. Am Rand des Parks steht seit mehr als 100 Jahren das »Neue Kurhaus« – zuvor war an dieser Stelle ein Spital.

BURTSCHEIDER KLOPSE

KURKOST FÜR ZUHAUSE

Burtscheid war ursprünglich eine eigene Stadt, wurde aber bereits im 19. Jahrhundert nach Aachen eingemeindet. Der Vorort verdankt seine Entstehung und Entwicklung hauptsächlich den mehr als 20 Thermalquellenvorbrüchen. Mit zwei Kur- und Rehakliniken ist Burtscheid Aachens Kurviertel. Die vielen gemütlichen Cafés, der Wochenmarkt und die Parks bieten Bewohnern und Gästen viel Lebensqualität. Ganz bodenständige Küche für Kurgäste und Einheimische liefert unser Rezeptvorschlag.

SCHWIERIGKEITSGRAD:

ZUTATEN FÜR 2 PERSONEN
- 250 g gemischtes Hackfleisch
- ½ altes Brötchen
- 1 Schalotte
- 2 EL Butter
- 1 Bio-Zitrone
- Sardellenpaste
- 1 Ei
- 500 ml Fleischbrühe
- 1 EL Mehl
- 100 ml Sahne
- 40 g Kapern
- Salz, Pfeffer

1 Brötchen in Wasser einweichen, anschließend gut ausdrücken. Die Schalotte in feine Würfel schneiden und in 1 EL Butter glasig andünsten. Das Hackfleisch mit den Brötchen, Schalotte und Ei mischen und mit etwas Zitronenschale, Salz, Pfeffer und Sardellenpaste würzen. Die Masse gut durcharbeiten und mit angefeuchteten Händen kleine Klößchen daraus formen.

2 Die Brühe aufkochen und die Klößchen darin bei schwacher Hitze 20 Minuten ziehen lassen.

3 Restliche Butter erhitzen und das Mehl darin anschwitzen. Unter Rühren so viel Klößchenbrühe dazu gießen, bis eine sämige Sauce entsteht. 5 Minuten durchköcheln lassen, dann die Sahne und Kapern hinzufügen. Mit 1–2 EL Zitronensaft, Salz und Pfeffer abschmecken und die Klößchen in der Sauce 10 Minuten ziehen lassen. Dazu Salzkartoffeln reichen und alles mit Petersilie garnieren.

ZUBEREITET AM:　　　　　FÜR:　　　　　ES WAR: ☐😊 ☐😐 ☐☹ ｜ NOCHMAL? ☐ja ☐nein

RHEINISCHES RATHAUS-RISOTTO

DAS IST DIE KRÖNUNG

Das Aachener Rathaus ist neben dem Dom das wohl bekannteste Bauwerk im historischen Stadtkern. Es stammt aus der ersten Hälfte des 14. Jahrhunderts. Bis dahin hatte das Grashaus als Rathaus gedient. Als Zugeständnis an die römisch-deutschen Könige musste die Bürgerschaft im neuen Rathaus einen Krönungssaal einrichten. Wir krönen die Tafel mit einem feinen Risotto.

SCHWIERIGKEITSGRAD:

ZUTATEN FÜR 2 PERSONEN
- 2 Chicorée-Knospen
- 150 g Roggen, ganze Körner
- 1 Handvoll geriebener Parmesan
- 100 g Kirschtomaten
- 1 rote Zwiebel
- 2 Knoblauchzehen
- Schuss Weißwein
- 4 EL Olivenöl
- 2 EL Butter
- Salz, Pfeffer

1 Den Roggen über Nacht in mindestens 1 Liter Wasser quellen lassen. Die Körner ohne Salz im Quellwasser aufkochen, 45 Minuten bei schwacher Hitze köcheln lassen und abgießen.

2 Knoblauch und Zwiebel klein schneiden und im Olivenöl in einem tieferen Topf anschwitzen. Chicorée vom Strunk befreien, klein schneiden, Kirschtomaten halbieren und zusammen mit dem Roggen hinzufügen und 1–2 Minuten unter ständigem Rühren anbraten.

3 Von der Platte nehmen, Parmesan und Butter dazugeben und gut vermischen. Mit Salz und Pfeffer abschmecken. Zusammen mit einem Glas Weißwein servieren.

ZUBEREITET AM: FÜR: ES WAR: ☐ 😊 ☐ 😐 ☐ 😟   NOCHMAL? ☐ja ☐nein

Heilende Kräfte hat dieses Wasser. Wo sprudelt es?
Die Antwort steht auf den Seiten 34/35.

6

7

8

9

10

11

KOCHZEIT sinnvoll nutzen: Zahlen verbinden und dann bunt ausmalen!

KOCH MICH! AACHEN

DESSERTS

Na endlich! Es wird Zeit für die süße Krönung des Menüs: Diese kreativen Leckereien machen das Essen perfekt.

BENDPUFFEL

SÜSSE SÜNDE UNTERM RIESENRAD

Der »Öcher Bend« ist die größte Kirmesattraktion im Dreiländereck. Zweimal im Jahr, im Frühjahr und im Sommer, öffnet das Volksfest auf dem Aachener Bendplatz seine Pforten. Hunderttausende schlendern dann an Kettenkarussell und Riesenrad vorbei zu Achterbahn oder Schießstand. Ein Puffel – andernorts als Berliner oder Krapfen bekannt – darf da nicht fehlen. Falls gerade kein »Bend« ist, lässt sich der Puffel auch zuhause zubereiten.

SCHWIERIGKEITSGRAD:

ZUTATEN FÜR 2 PERSONEN
- 60 ml Buttermilch
- 30 g Zucker
- 1 Ei
- 200 g Mehl
- ½ Päckchen Trockenhefe
- etwas Wasser
- Prise Salz
- Öl zum Frittieren
- Konfitüre

1 Hefe mit Zucker und Buttermilch anrühren, 15 Minuten warm stellen. Dann zusammen mit dem Mehl, dem Ei und der Prise Salz in eine Schüssel geben. Gründlich durchkneten und eine Stunde gehen lassen.

2 Nochmals durchkneten und den Teig in 2–4 gleich große Stücke teilen und zu Bällchen rollen, mit Küchentuch abdecken und nochmals gehen lassen.

3 In der Zwischenzeit das Öl in einem Kochtopf erhitzen. Nun die Hefebällchen bis zur gewünschten Bräune ins Öl geben, einmal wenden und anschließend gleich in Zucker wälzen.

4 Mit einem Spritzbeutel mit kleiner Lochtülle die kalten Puffel mit Konfitüre füllen.

ZUBEREITET AM: FÜR: | ES WAR: ☐ ☐ ☐ | NOCHMAL? ☐ ja ☐ nein

PUPPENBRUNNEN-PANNACOTTA

LASS SIE TANZEN

Der Puppenbrunnen in der Aachener Krämerstraße stammt aus dem Jahr 1975 und ist Kunst zum Anfassen und Spielen. Die beweglichen Figuren erzählen viel über die Stadt und ihre Bewohner: Ein Professor, ein Clown, ein Reiter, ein Bischof, eine Marktfrau und ein Mannequin sind zu sehen. Über ihnen thront der Hahn, der an die französische Besatzung erinnert. Kinder lieben den Brunnen. Eltern müssen allerdings damit rechnen, dass ihre Kleinen nass werden. Als kleinen Trost gibt es danach diese Leckerei.

SCHWIERIGKEITSGRAD:

ZUTATEN FÜR 2 PERSONEN
- 200 ml Sahne
- ½ Vanilleschote
- 20 g Zucker
- 1 Blatt Gelatine

Für die Erdbeersauce:
- 125 g Erdbeeren (frisch oder gefroren)
- 1 EL Puderzucker
- 1 Spritzer Zitronensaft

1 Gelatine in kaltem Wasser quellen lassen. Die Vanilleschote aufschneiden, das Mark auskratzen und zusammen mit der Schote und der Sahne in einen Topf geben. Vorsichtig erwärmen, 50 °C reichen aus.

2 Wenn die Gelatine weich ist, aus dem Wasser nehmen und das restliche Wasser ausdrücken. Dann die Gelatine in die warme Sahne geben und mit dem Schneebesen gut einrühren, bis sich die Gelatine aufgelöst hat.

3 Die warme Sahne in Gläser füllen und mehrere Stunden kaltstellen.

4 Erdbeeren mit dem Puderzucker und Spritzer Zitronensaft in einen Mixbecher geben und fein pürieren. Die Erdbeersauce kalt stellen und kurz vor dem Servieren auf die Pannacotta geben.

TIPP: Damit sich die schwarzen Punkte der Vanille nicht absetzen, kann die Sahne kalt gerührt werden, um so die Gelatine schneller gelieren zu lassen.

ZUBEREITET AM: FÜR: | ES WAR: ☐ 😊 ☐ 😐 ☐ 😞 | NOCHMAL? ☐ja ☐nein

HENGER HERRJOTTS FOTTCHEN

GEHT RUNTER WIE ÖL

»Henger Herrjotts Fott« (»Hinter Herrgotts Hintern«) ist der Name einer Bronzeskulptur. 1989 wurde sie als Ersatz für eine steinerne Kreuzigungsgruppe aufgestellt, die in den Wirren des Zweiten Weltkrieges abhandengekommen war. Rund 200 Jahre zuvor war auf dem heutigen Platz ein Missionskreuz aufgestellt worden, dessen Vorderseite zum Stadtzentrum gerichtet war. Die Menschen in den Straßen dahinter nannten ihr Viertel auf Öcher Platt »Henger Herrjotts Fott«. Wir servieren augenzwinkernd rheinisches Siedegebäck: köstliche Mutzen.

SCHWIERIGKEITSGRAD:

ZUTATEN FÜR 2 PERSONEN
- 50 g Butter
- 125 g Zucker
- 2 Eier
- 350 g Mehl
- 150 g Mandelmehl
- 3 Tropfen Bittermandelöl
- ½ TL Backpulver
- Prise Salz
- Zucker, Zimt

Ergibt 20 Mutzen.

1 Butter, Zucker und Eier schaumig rühren. Bittermandelöl, Mehl, Backpulver, Prise Salz und Mandeln unterheben. Den Teig durchkneten und 30 Minuten abgedeckt im Kühlschrank ruhen lassen.

2 Dann den Teig etwa 1 cm dick ausrollen und in Tropfenform Form ausstechen oder ausschneiden ausstechen. Dann in Öl frittieren und sofort in Zimt und Zucker wälzen. Kalt oder warm servieren.

TIPP: Statt Bittermandelöl kann auch ein Esslöffel brauner Rum dazugegeben werden.

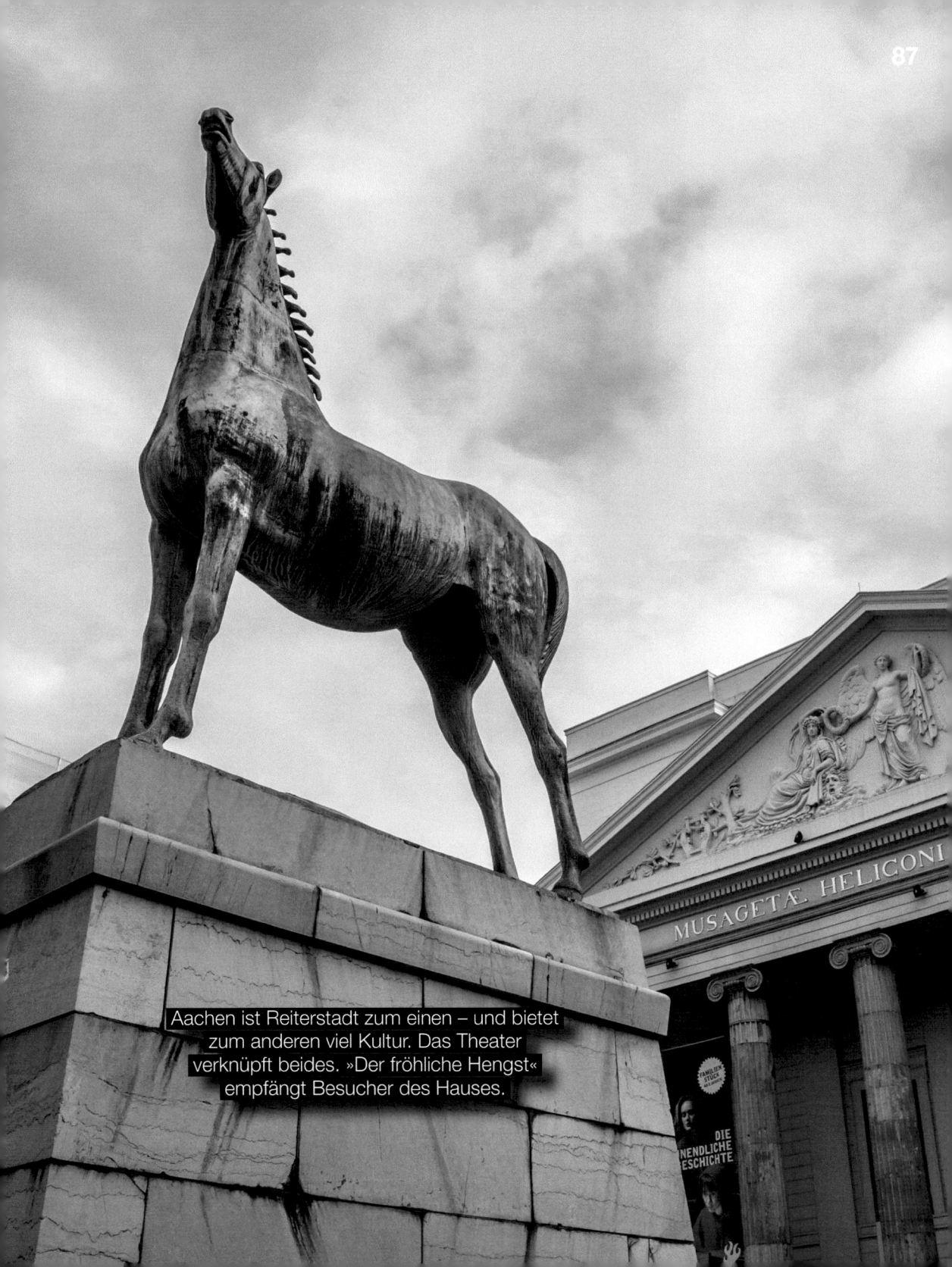

Aachen ist Reiterstadt zum einen – und bietet
zum anderen viel Kultur. Das Theater
verknüpft beides. »Der fröhliche Hengst«
empfängt Besucher des Hauses.

BANANENBROT »AU BANAN«

WIE GUT DAS MUNDET!

»Au Banan!« Was eigentlich »alte Banane« bedeutet, ist ein in Aachen viel gebrauchter Ausruf des Erstaunens. Weitere wichtige Ausdrücke sind: »Och härm« – was Mitleid und Anteilnahme ausdrückt. Oder »Au huur!«: Das ist ähnlich wie »Au Banan«, allerdings ein bisschen ordinärer. »Adieda« heißt simpel »Tschüss«. Das süße Bananenbrot übrigens ist stets willkommen.

SCHWIERIGKEITSGRAD:

ZUTATEN FÜR 2 PERSONEN
- 3 sehr reife Bananen
- 80 ml Öl
- 110 g brauner Zucker
- 2 Eier
- 200 g Mehl
- 1 Päckchen Backpulver
- Prise Salz
- 1 Vanilleschote
- Prise Zimt

1 Bananen mit einer Gabel zerdrücken und zusammen mit den restlichen Zutaten in eine Rührschüssel geben.

2 Gut durchrühren und in eine gefettete und bemehlte Kastenform geben. Für 50 Minuten in den 180 °C heißen Ofen, oder 1 Stunde, wenn der Ofen nicht vorgeheizt ist.

3 Warm oder kalt servieren, schmeckt pur, mit Butter, Erdnussbutter oder Marmelade bestrichen

TIPP: Ganze Nüsse oder grobe Schokoladenstücke in den Teig geben.

ZUBEREITET AM: FÜR: | ES WAR: ☐ ☐ ☐ | NOCHMAL? ☐ja ☐nein

PRINTENKUCHEN NACH DOMPFAFFS ART

MIT VEREINTER KRAFT

Der Aachener Dom und die Aachener Printen sind wahrscheinlich die bekanntesten Botschafter der Kaiserstadt. Der Grundstein für den Doms wurde um 795 gelegt. Schon 803 soll er fertig gewesen sein, wurde aber stetig erweitert und verändert. Weitestgehend unverändert sind die Printen, auch wenn modernere Varianten dazugekommen sind. Kräuterprinten werden etwa seit 1820 in Aachen gebacken. Mit diesem Rezept bringen wir Dom und Printen unter einen Hut – und das schmeckt ganz wunderbar!

SCHWIERIGKEITSGRAD:

ZUTATEN FÜR 2 PERSONEN
- 250 g Mehl
- 250 g Butter
- 3 Eier
- 200 g Zucker
- 130 g gemahlene Mandeln
- 3 EL Rum
- 2 EL flüssiger Honig
- 1 TL Printengewürz

1 Für den Teig 150 g Butter, das Mehl, 100 g Zucker, 1 Ei und 30 g Mandeln verrühren, bis eine glatte Masse entsteht.

2 Den Teig in eine gefettete und bemehlte Springform füllen.

3 Dann restliche Zutaten – 100 g Zucker, 100 g Butter, 100 g Mandeln – mit dem Mixer verquirlen, 2 Eier und Printengewürz dazugeben und weiterschlagen. Zum Schluss Rum hinzufügen. Den Teig vorsichtig auf die erste Schicht geben. 30–40 Minuten bei 180°C backen. Abgekühlt servieren und mit etwas Honig beträufeln.

ZUBEREITET AM: FÜR: | ES WAR: ☐😊 ☐😐 ☐☹ | NOCHMAL? ☐ja ☐nein

Am Aachener Rathausplatz herrscht das ganze Jahr über Trubel – und wenn es warm draußen ist, gleich noch viel mehr. Dann sind die Terrassen vor den Bars und Restaurants rund um den Karlsbrunnen stets gut gefüllt.

NUSSECKE »BACKENZAHN«

SÜSSES FÜR DEN HOHLEN ZAHN

In Aachen ist es Tradition, eigene Begriffe für Gebäude und Standorte zu finden, die auf keiner Karte verzeichnet sind. Das »Drei-Räuber-Eck" etwa ist die Kreuzung, an der einst Polizeipräsidium, Finanzamt und Priestersemiar beheimatet waren. Der »Toaster« ist das umgebaute Universitätsheizkraftwerk in der Wüllnerstraße, das nachts orange-rot leuchtet. Und der »Backenzahn« wiederum, der dieser süßen Nussecke seinen Namen leiht, ist die Kirche St. Hubertus in Aachen-Hanbruch – deren Optik tatsächlich an den Zahn erinnert.

SCHWIERIGKEITSGRAD:

ZUTATEN FÜR 2 PERSONEN

Für den Mürbeteig:
- 300 g Weizenmehl
- 1 TL Backpulver
- 100 g Zucker
- 1 Ei
- 170 g weiche Butter
  oder Margarine

Für den Nuss-Belag:
- 150 g Butter
- 150 g Zucker
- 1 Päckchen Vanillezucker
- 2 EL Wasser
- 300 g gehackte Haselnüsse
- Aprikosenkonfitüre

Für die Glasur:
- 200 g Schokolade

1 Die Zutaten für den Mürbeteig in eine Rührschüssel geben, mit den Händen gut verkneten und 1 Stunde im Kühlschrank ruhen lassen. Dann ausrollen und mit Aprikosenkonfitüre bestreichen.

2 Für den Belag: Butter mit Zucker, Vanillezucker und Wasser in einem Topf aufkochen und Haselnüsse unterrühren. Die Masse etwa 10 Min. abkühlen lassen und gleichmäßig auf dem Teig verteilen.

3 Die Nussecken bei 170 °C für 15–20 Minuten im Backofen backen. Auf dem Backblech abkühlen lassen, in Dreiecke schneiden und in geschmolzene Schokolade tunken. Die Nussecken auf einen Kuchenrost oder Backpapier legen und die Glasur fest werden lassen.

ZUBEREITET AM: FÜR: | ES WAR: ☐😊 ☐😐 ☐☹ | NOCHMAL? ☐ja ☐nein

BIRNE ELISE MIT VANILLE

WO SÜSSE BRUNNEN FLIESSEN

Aus zwei Trinkbrunnen fließt das warme, schwefelhaltige Wasser der Kaiserquelle: Der Elisenbrunnen ist ein offener, klassizistischer Bau mit prächtigen Säulen, der Anfang des 19. Jahrhunderts errichtet wurde. Den Namen bekam er von der preußischen Kronprinzessin Elisabeth Ludovika von Bayern, genannt Elise. Und die wiederum war Patentante von Elisabeth von Österreich-Ungarn, besser bekannt als »Sisi«. Genießen Sie diese Spezialität also ganz besonders herrschaftlich.

SCHWIERIGKEITSGRAD:

ZUTATEN FÜR 2 PERSONEN
- 2 Birnen
- 250 ml Wasser
- 50 g Zucker
- 2 EL Zitronensaft
- Prise Zimt

Für die Vanille-Sauce:
- 200 ml Milch
- 2 EL Zucker
- ½ Vanilleschote
- 1 Ei
- 100 ml Sahne
- 1 TL Speisestärke
- Prise Salz

1 Zuerst das Wasser zusammen mit dem Zucker, dem Zitronensaft und einer Prise Zimt in einen Topf geben und erhitzen. Währenddessen die Birnen schälen, halbieren und entkernen.

2 Sobald der Zucker gelöst ist und es zu köcheln beginnt, die Birnen in den Topf geben und zugedeckt für 10 Minuten garen. Während die Birnen kochen, immer wieder mit dem Zuckerwasser übergießen. Wenn sie fertig sind, im Sud vollständig abkühlen lassen.

3 Milch, Zucker, Salz und das Mark der Vanilleschote aufkochen. Das Ei mit dem Handrührgerät kurz aufschlagen, Speisestärke und Sahne zugeben und noch mal durchschlagen.

4 Die Sahne-Ei-Mischung langsam mit dem Schneebesen in die heiße Milch einrühren und kurz aufkochen lassen. Birnen mit heißer Sauce servieren. Wer mag, gibt Schokoladeneis dazu.

ZUBEREITET AM: FÜR: | ES WAR: ☐😊 ☐😐 ☐☹️ | NOCHMAL? ☐ja ☐nein

14

15

13

12

11

10

9

8

7

6 5

4

KOCHZEIT sinnvoll nutzen: Zahlen verbinden und dann bunt ausmalen!

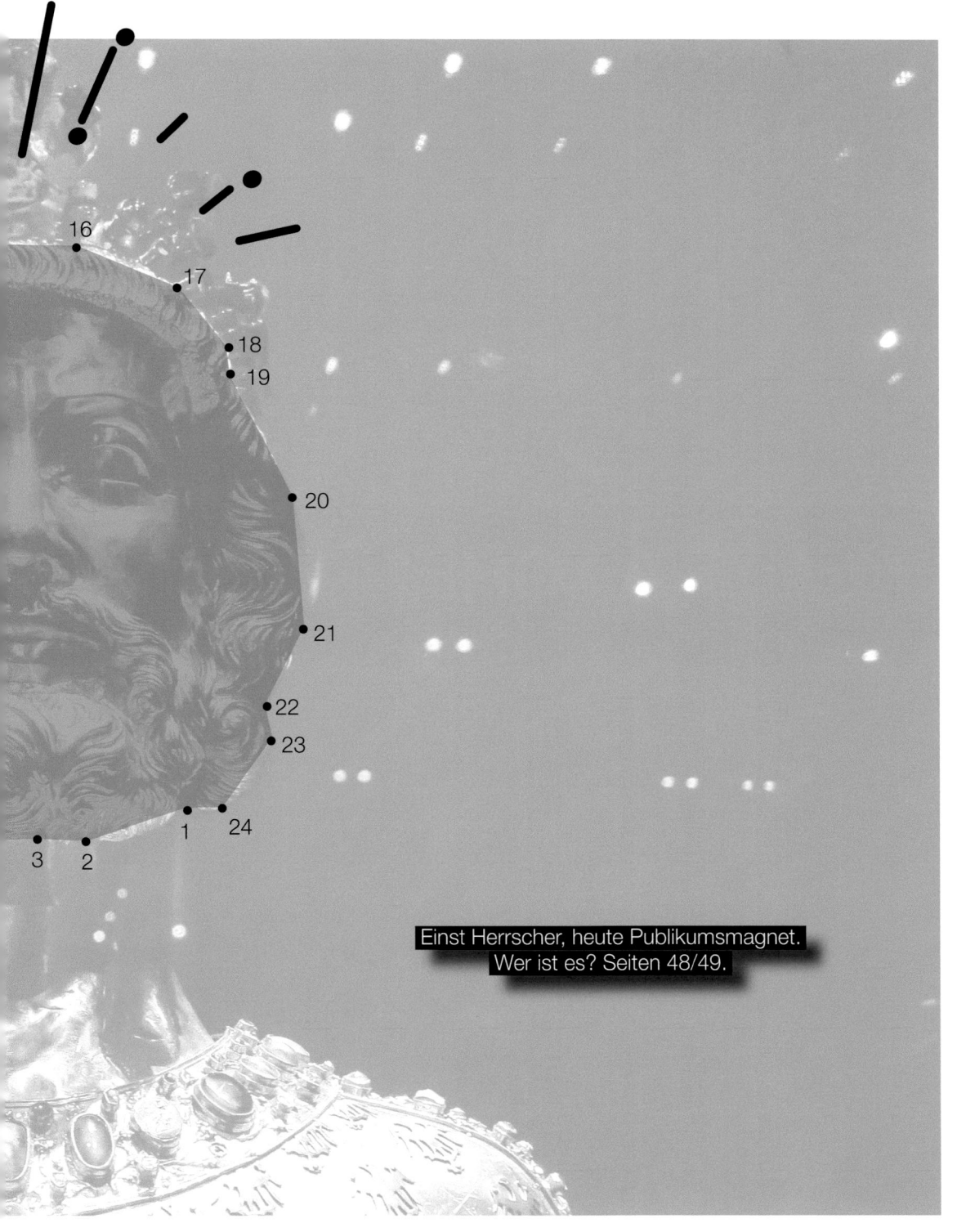

16

17

18

19

20

21

22

23

1   24

3   2

Einst Herrscher, heute Publikumsmagnet.
Wer ist es? Seiten 48/49.

KOCH MICH! AACHEN

DRINKS

... und zum Ausklang: hoch das Glas!
Shake it, baby. Damit keiner auf
dem Trockenen sitzen muss, haben
wir da mal was vorbereitet.

PONTTOR-PUNSCH
HEISSES GLÜCK

Das Ponttor war einst Teil der äußeren Stadtmauer. Es wurde Anfang des 14. Jahrhunderts erbaut, als neue Siedlungen und Kirchen außerhalb der alten Mauer eine zweite Stadt-befestigung erforderten. Hinter dem Tor beginnt die Pontstraße, die bis zum Marktplatz vor dem Rathaus verläuft – über Aachens Kopfsteinpflaster und vorbei an vielen Kneipen, Restaurants und Cafés. Falls es dort an kalten Tagen keinen Punsch zum Aufwärmen gibt: Hier kommt die Alternative für Zuhause.

SCHWIERIGKEITSGRAD:

ZUTATEN FÜR 2 PERSONEN
- 750 ml Ginger Ale
- 1 Nelke
- 1 Sternanis
- 1 EL brauner Zucker
- 1 Kardamomkapsel
- 2 Pimentkörner
- ½ Zitrone
- 125 ml Whisky

1 Ginger Ale zusammen mit den Gewürzen und Zucker in einen Topf geben. 20–30 Minuten zugedeckt köcheln lassen.

2 Dann durch ein Sieb gießen, den Whisky dazugeben und in hitzebeständige Gläser füllen. Mit Bio-Zitrone oder Bio-Orange garnieren

TIPP: Zucker kann durch Honig ersetzt werden.

ZUBEREITET AM: FÜR: ES WAR: ☐😊 ☐😐 ☐☹ | NOCHMAL? ☐ja ☐nein

BAHKAUV-GLÜHBIER
····························
EIN SCHLUCK MUT

Das Bahkauv ist ein Fabelwesen, das im Abwasserkanal der Thermalquellen am Büchel haust. Es soll einem großen Kalb mit zottigem Fell ähnlich sein, mit scharfen Zähnen und Augen, die im Dunklen leuchten. Seine Pfoten sind Bärentatzen mit scharfen Krallen, sein Schweif ist lang und geschuppt, dazu trägt es rasselnde Ketten. Nachts, wenn die Betrunkenen nach Hause gehen, springt es auf deren Schultern und raubt ihnen den letzten Cent aus den Taschen ... Wer jetzt Angst bekommt, sollte sie mit diesem Drink runterspülen.

SCHWIERIGKEITSGRAD:

ZUTATEN FÜR 2 PERSONEN
- 1 l dunkles Bier
- 100 ml Kirschsaft
- 2 TL brauner Zucker
- 1 EL Zitronensaft
- 1 Zimtstange
- 1 Sternanis
- 2 Nelken
- 1 Prise Muskat

1 Alle Zutaten in einen Topf geben und langsam erwärmen.

2 Zugedeckt für rund 15 Minuten ziehen lassen und dann heiß servieren.

TIPP: Nicht nachts alleine am Bahkauv vorbeigehen.

ZUBEREITET AM: FÜR: ES WAR: ☐😊 ☐😐 ☐☹ NOCHMAL? ☐ja ☐nein

Hoch hinaus geht es zum »Öcher Bend«.
Das Volksfest steigt zwei Mal im Jahr und
lockt mit allerlei rasanten Fahrgeschäften,
Nascherreien und Losbuden.

EXPLOSIVER PULVERTURM

•••••••••••••••••••••••••••••

VORSICHT, DER HAUT REIN

Der Pulverturm – auch Langer Turm genannt – wurde 1300 als Wehrturm der äußeren Stadtmauer errichtet. Er gehört zu den wenigen erhalten gebliebenen Türmen der ehemaligen Stadtbefestigung. Vom Langen Turm aus ist das Gebiet des damaligen Aachens gut zu überblicken. Daher diente er nicht nur zur militärischen Überwachung, sondern auch als Feuerposten. Heute ist er ein Studentenwohnheim und gänzlich harmlos. Ganz anders als dieser Drink, der es in sich hat.

SCHWIERIGKEITSGRAD:

ZUTATEN FÜR 2 PERSONEN
- 2 cl Wodka
- 2 cl Limettensaft
- 2 cl Grand Marnier
- Crushed Ice
- 1 Stück Bio-Limette

1 Wodka, Limettensaft und Grand Marnier mischen.

2 Crushed Ice und Limettenstück in ein Cocktailglas geben und mit dem Getränk auffüllen.

ZUBEREITET AM: FÜR: ES WAR: ☐🙂 ☐😐 ☐🙁 │ NOCHMAL? ☐ja ☐nein

MUSIKBUNKER-MISCHE
DARAUF EINE MUBUMI

Der Musikbunker ist eine kulturelle Instanz. Techno, Rock, Reggae, Punk, Electro, Pop oder Drum 'n' Bass: Kaum ein Musikgenre, dass hier nicht gespielt wird, kaum ein Musikliebhaber, der hier nicht auf seine Kosten kommt und kaum ein Aachner, der nicht schon einmal in den frühen Morgenstunden aus diesen Katakomben geschwankt ist. Der für sein hervorragendes, unabhängiges Kulturangebot ausgezeichnete Verein »Musikbunker Aachen« muss sich leider immer wieder in Sachen Lärmschutz rechtfertigen.

SCHWIERIGKEITSGRAD:

ZUTATEN FÜR 2 PERSONEN
- ½ Salatgurke
- 200 ml Orangensaft
- 250 ml Kefir
- 250 ml Mineralwasser
- 4 EL Haferflocken

1 Haferflocken eine Stunde in heißem Wasser quellen lassen und abgießen.

2 Die Salatgurke schälen und in Stücke schneiden. Zusammen mit dem Orangensaft und den Haferflocken pürieren.

3 Den Kefir und das Mineralwasser dazugeben und alles gut durchmischen. Auf zwei Gläser aufteilen.

TIPP: Der alkoholfreie Powerdrink ist der perfekte Start in einen langen Konzertabend.

ZUBEREITET AM: FÜR: | ES WAR: ☐ 😊 ☐ 😐 ☐ 😟 | NOCHMAL? ☐ ja ☐ nein

KARLSBRUNNEN DRY MIT KIRSCHE

····································

LIEBER DAS ORIGINAL

Auf dem Markt in Aachen direkt vor dem Rathaus steht der Karlsbrunnen, der älteste Brunnen der Stadt. Seit 1620 krönt ihn Karl der Große. Beim Einmarsch der Franzosen im Jahr 1792 wurde die Karlsstatue als Kriegsbeute nach Paris verschleppt, 1804 kam sie zurück. Die Originalfigur steht heute im stadthistorischen Museum Centre Charlemagne am Katschhof. Auf dem Marktbrunnen befindet sich eine Kopie. Dieser Drink ist selbstverständlich das Original – und erfrischend dazu.

SCHWIERIGKEITSGRAD:

ZUTATEN FÜR 2 PERSONEN
- 12 cl Genever
- 2 cl Wermut
- zwei Kirschen
- Eis

1 Genever, Eis und Wermut in einem Rührglas verrühren, dann in zwei vorgekühlte Martini-Gläser füllen.

2 Mit je einer Kirsche garnieren und servieren.

Alles dreht sich um die »Kohle«: am Brunnen »Kreislauf des Geldes« in der Hartmannstraße. Weil das Wasser von unterirdischen Thermalquellen gespeist wird, gefriert es im Winter nicht – und kann statt dessen auch mal kalte Hände aufwärmen.

KÖPFCHEN ROYAL

NICHT NUR FÜR GRENZGÄNGER

»Köpfchen« heißt eine Siedlung im Süden von Aachen – kurz vor Belgien. Der Grenzübergang Aachen-Köpfchen wurde nach dem Schengener Abkommen 1995 geschlossen. Seit 2000 veranstaltet der Verein Kunst und Kultur im Köpfchen (kurz: KuKuK) allerlei Ausstellungen und Aktionen im ehemaligen belgischen Zollgebäude. Mittlerweile hat der Verein auch das einstige deutsche Zollgebäude gekauft und in ein Café verwandelt.

SCHWIERIGKEITSGRAD:

ZUTATEN FÜR 2 PERSONEN
- 6 cl Wodka
- 6 cl Eierlikör
- 6 cl Johannisbeersaft
- Orangensaft

1 Wodka, Eierlikör und Johannisbeersaft in einen Shaker geben und gut schütteln.

2 Anschließend durch ein Sieb in zwei Longdrinkgläser abseihen und mit Orangensaft auffüllen.

ZUBEREITET AM: FÜR: | ES WAR: ☐ 😊 ☐ 😐 ☐ 😞 | NOCHMAL? ☐ ja ☐ nein

GESCHMUGGELTER MOKKA
··
ALLES GANZ LEGAL

Aachen war in der Nachkriegszeit das Zentrum des Kaffeeschmuggels in Deutschland. Von 1945 bis 1953 brachte die »Aachener Kaffeefront« geschätzte 1000 Tonnen Kaffee illegal über die Grenze. Gründe waren die hohe Kaffeesteuer in der Bundesrepublik und die Armut der Menschen in der Region. Dieses Getränk wäre damals also purer Luxus gewesen. Und schmeckt auch heute noch ganz vorzüglich.

SCHWIERIGKEITSGRAD:

ZUTATEN FÜR 2 PERSONEN
- 4 cl brauner Rum
- 2 Tassen heißer Kaffee
- 4 TL brauner Zucker
- leicht geschlagene Sahne

1 Rum und Zucker hälftig in je eine Tasse mit heißem Kaffee geben und umrühren.

2 Etwas Sahne darauf, fertig.

ZUBEREITET AM: FÜR: ES WAR: ☐😊 ☐😐 ☐☹ NOCHMAL? ☐ja ☐nein

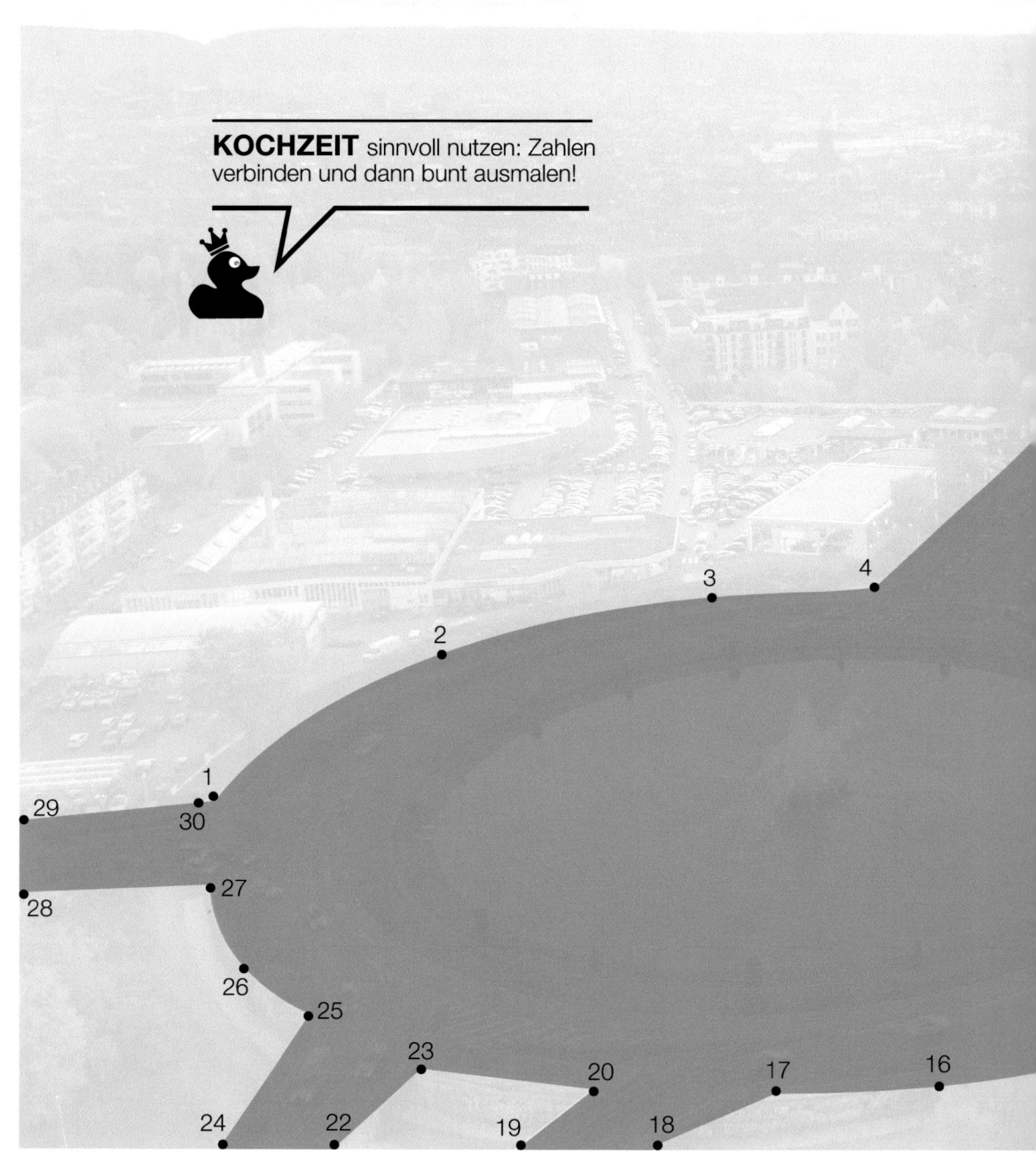

KOCHZEIT sinnvoll nutzen: Zahlen verbinden und dann bunt ausmalen!

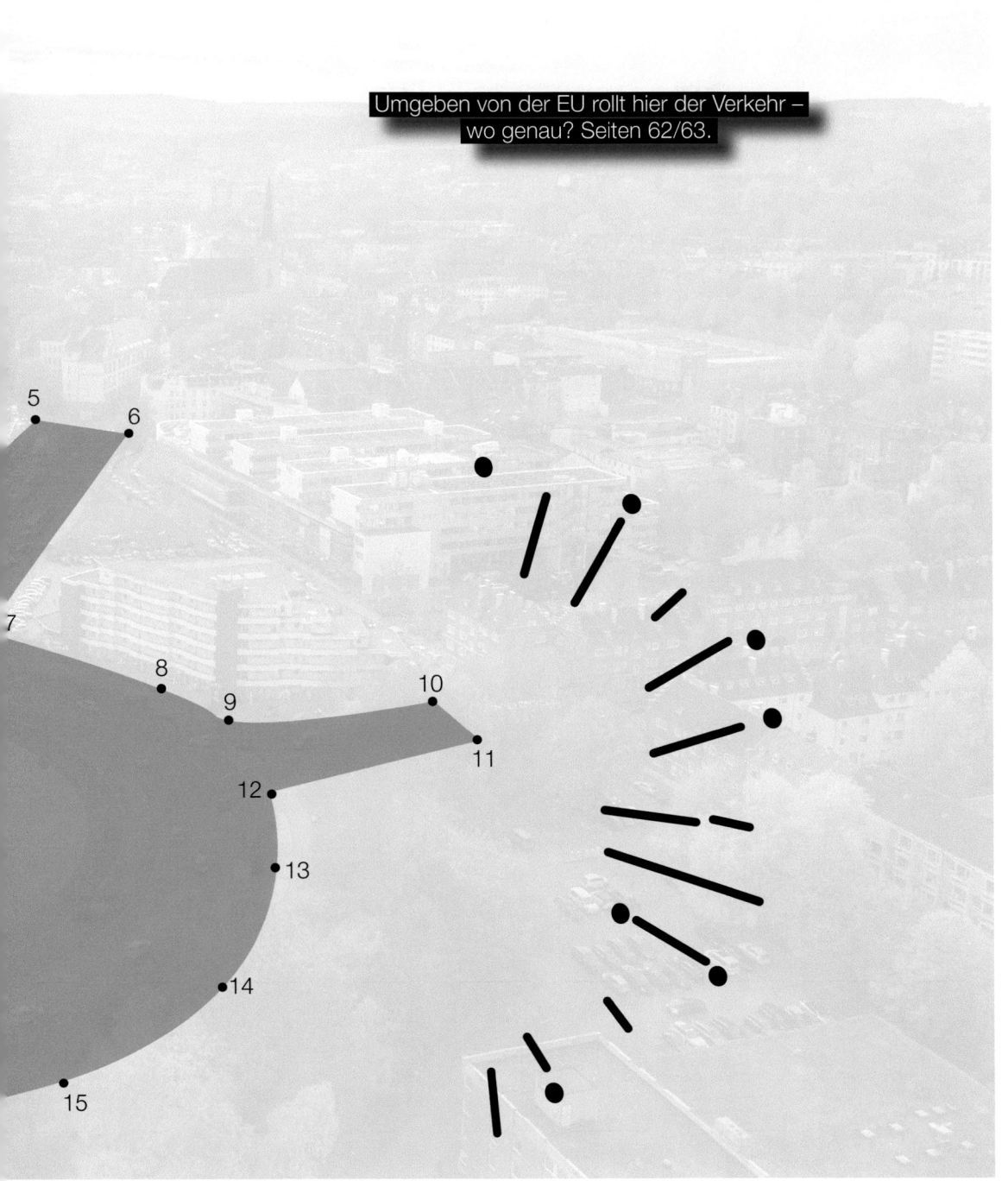

Umgeben von der EU rollt hier der Verkehr –
wo genau? Seiten 62/63.

KOCH MICH! **AACHEN**

MEINE REZEPTE

Jetzt wird's kreativ! Wie schmeckt Heimat? Auf den folgenden Seiten ist Platz für eigene Ideen – von der Vorspeise bis zum Drink. Guten Appetit!

DER GESCHMACK VON HEIMAT

☐ Vorspeise ☐ Suppe ☐ Beilage ☐ Salat
☐ Hauptgericht ☐ Dessert ☐ Drink

SCHWIERIGKEITSGRAD:

ZUTATEN FÜR 2 PERSONEN

- ....
- ....
- ....
- ....
- ....
- ....
- ....
- ....
- ....
- ....
- ....
- ....
- ....
- ....
- ....
- ....
- ....
- ....

SO WIRD'S GEMACHT

ZUBEREITET AM: .... FÜR: .... ES WAR: ☐ 😊 ☐ 😐 ☐ 😞 NOCHMAL? ☐ ja ☐ nein

DAS SCHMECKT RICHTIG LECKER

☐ Vorspeise ☐ Suppe ☐ Beilage ☐ Salat
☐ Hauptgericht ☐ Dessert ☐ Drink

SCHWIERIGKEITSGRAD:

ZUTATEN FÜR 2 PERSONEN

- ....
- ....
- ....
- ....
- ....
- ....
- ....
- ....
- ....
- ....
- ....
- ....
- ....
- ....
- ....
- ....
- ....

SO WIRD'S GEMACHT

....
....
....
....
....
....
....
....
....
....
....
....
....
....
....
....
....

ZUBEREITET AM: FÜR: ES WAR: ☐😊 ☐😐 ☐☹ NOCHMAL? ☐ja ☐nein

DARAUF HAB ICH HEUTE APPETIT

☐ Vorspeise   ☐ Suppe   ☐ Beilage   ☐ Salat
☐ Hauptgericht   ☐ Dessert   ☐ Drink

SCHWIERIGKEITSGRAD:

ZUTATEN FÜR 2 PERSONEN

- ....
- ....
- ....
- ....
- ....
- ....
- ....
- ....
- ....
- ....
- ....
- ....
- ....
- ....
- ....
- ....
- ....
- ....

SO WIRD'S GEMACHT

....
....
....
....
....
....
....
....
....
....
....
....
....
....
....
....
....
....

ZUBEREITET AM: FÜR: | ES WAR: ☐ 😀 ☐ 😐 ☐ 😟 | NOCHMAL? ☐ ja   ☐ nein

BITTE DAVON NACHSCHLAG FÜR MICH!

☐ Vorspeise   ☐ Suppe   ☐ Beilage   ☐ Salat
☐ Hauptgericht   ☐ Dessert   ☐ Drink

SCHWIERIGKEITSGRAD:

ZUTATEN FÜR 2 PERSONEN

SO WIRD'S GEMACHT

- ....
- ....
- ....
- ....
- ....
- ....
- ....
- ....
- ....
- ....
- ....
- ....
- ....
- ....
- ....
- ....
- ....
- ....

ZUBEREITET AM: FÜR: | ES WAR: ☐ 😊 ☐ 😐 ☐ 😞 | NOCHMAL? ☐ja ☐nein

Malerisches Aachen. Rund um den Dom, etwa am Fischmarkt, laden im Sommer Restaurants und Cafés zum Verweilen ein.

MÖCHTE ICH GERN FÜR DICH KOCHEN

☐ Vorspeise   ☐ Suppe   ☐ Beilage   ☐ Salat
☐ Hauptgericht   ☐ Dessert   ☐ Drink

SCHWIERIGKEITSGRAD:

ZUTATEN FÜR 2 PERSONEN

- ....
- ....
- ....
- ....
- ....
- ....
- ....
- ....
- ....
- ....
- ....
- ....
- ....
- ....
- ....
- ....
- ....
- ....

SO WIRD'S GEMACHT

....
....
....
....
....
....
....
....
....
....
....
....
....
....
....
....
....
....

ZUBEREITET AM: FÜR: | ES WAR: ☐ 😊 ☐ 😐 ☐ 😞 | NOCHMAL? ☐ ja ☐ nein

DAS GAB ES FRÜHER SCHON BEI OMA

☐ Vorspeise ☐ Suppe ☐ Beilage ☐ Salat
☐ Hauptgericht ☐ Dessert ☐ Drink

SCHWIERIGKEITSGRAD:

ZUTATEN FÜR 2 PERSONEN

SO WIRD'S GEMACHT

- ....
- ....
- ....
- ....
- ....
- ....
- ....
- ....
- ....
- ....
- ....
- ....
- ....
- ....
- ....
- ....
- ....
- ....

ZUBEREITET AM: FÜR: ES WAR: ☐ 😊 ☐ 😐 ☐ ☹ NOCHMAL? ☐ ja ☐ nein

....

FÜR MICH TYPISCH AACHEN

☐ Vorspeise   ☐ Suppe   ☐ Beilage   ☐ Salat
☐ Hauptgericht   ☐ Dessert   ☐ Drink

——————————————— SCHWIERIGKEITSGRAD: 👑👑👑 ———————————————

ZUTATEN FÜR 2 PERSONEN　　　　**SO WIRD'S GEMACHT**

- ....　　..
- ....　　..
- ....　　..
- ....　　..
- ....　　..
- ....　　..
- ....　　..
- ....　　..
- ....　　..
- ....　　..
- ....　　..
- ....　　..
- ....　　..
- ....　　..
- ....　　..
- ....　　..
- ....　　..

ZUBEREITET AM:　　　　FÜR:　　　　| ES WAR: ☐ 😊 ☐ 😐 ☐ 😞 | NOCHMAL? ☐ ja ☐ nein

SO ESSE ICH ES GERN

☐ Vorspeise   ☐ Suppe   ☐ Beilage   ☐ Salat
☐ Hauptgericht   ☐ Dessert   ☐ Drink

SCHWIERIGKEITSGRAD:

ZUTATEN FÜR 2 PERSONEN

- ....
- ....
- ....
- ....
- ....
- ....
- ....
- ....
- ....
- ....
- ....
- ....
- ....
- ....
- ....
- ....
- ....
- ....

SO WIRD'S GEMACHT

....
....
....
....
....
....
....
....
....
....
....
....
....
....
....
....
....
....

ZUBEREITET AM: FÜR: ES WAR: ☐😊 ☐😐 ☐☹   NOCHMAL? ☐ja ☐nein

Da steht ein Pferd in der Stadt. Aber warum – und wo? Die Antwort: auf Seite 87.

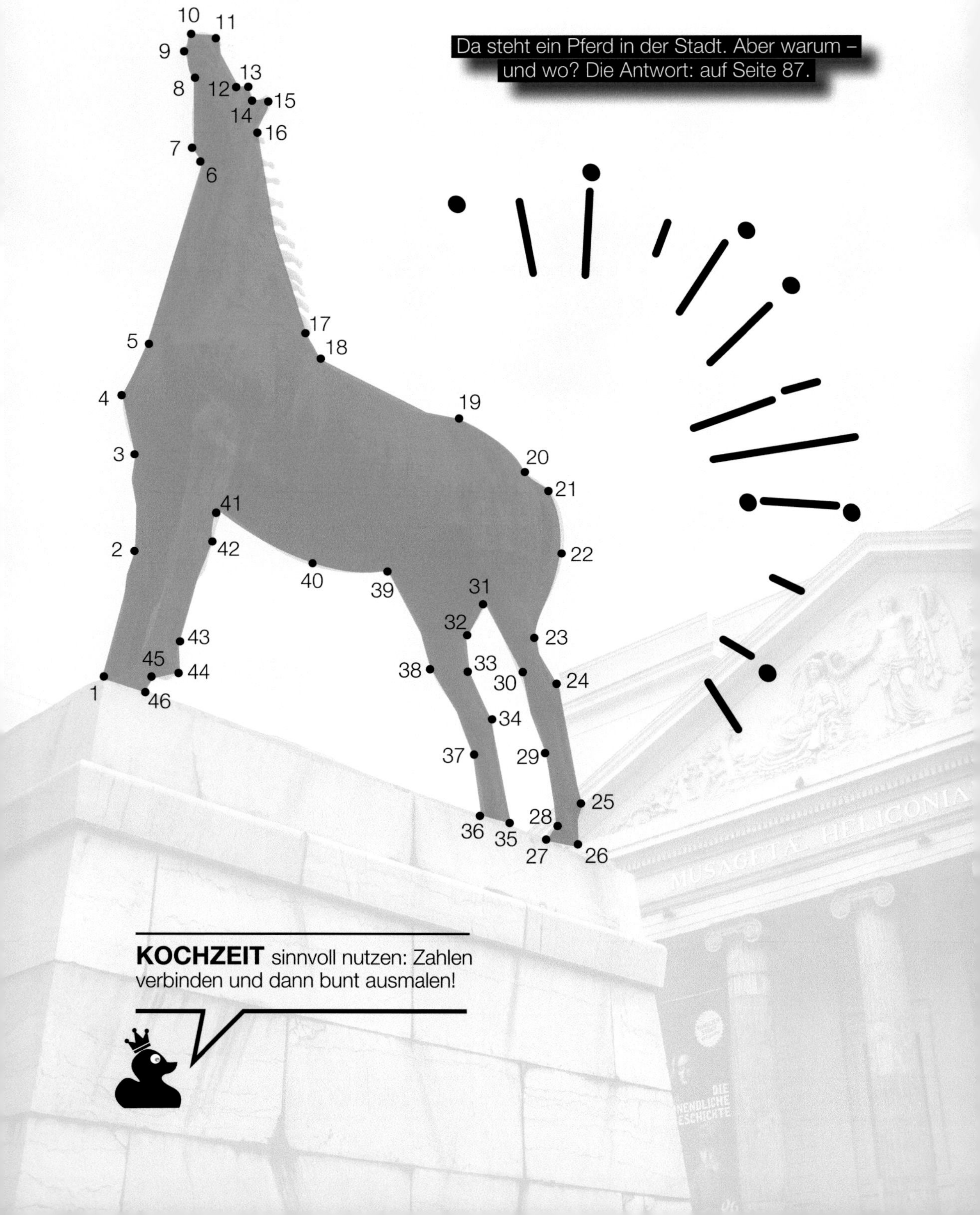

KOCHZEIT sinnvoll nutzen: Zahlen verbinden und dann bunt ausmalen!

HUNGER! DAS MÖCHTE ICH GERN KOSTEN

☐ Vorspeise ☐ Suppe ☐ Beilage ☐ Salat
☐ Hauptgericht ☐ Dessert ☐ Drink

SCHWIERIGKEITSGRAD:

ZUTATEN FÜR 2 PERSONEN

SO WIRD'S GEMACHT

- ....
- ....
- ....
- ....
- ....
- ....
- ....
- ....
- ....
- ....
- ....
- ....
- ....
- ....
- ....
- ....
- ....
- ....

ZUBEREITET AM: FÜR: | ES WAR: ☐😊 ☐😐 ☐☹ | NOCHMAL? ☐ja ☐nein

MEINE LEIBSPEISE

☐ Vorspeise   ☐ Suppe   ☐ Beilage   ☐ Salat
☐ Hauptgericht   ☐ Dessert   ☐ Drink

SCHWIERIGKEITSGRAD:

ZUTATEN FÜR 2 PERSONEN

SO WIRD'S GEMACHT

- ....
- ....
- ....
- ....
- ....
- ....
- ....
- ....
- ....
- ....
- ....
- ....
- ....
- ....
- ....
- ....
- ....

ZUBEREITET AM: FÜR: | ES WAR: ☐ 😊 ☐ 😐 ☐ 😞 | NOCHMAL? ☐ ja ☐ nein

SCHMECKT WIE IM RESTAURANT

☐ Vorspeise ☐ Suppe ☐ Beilage ☐ Salat
☐ Hauptgericht ☐ Dessert ☐ Drink

SCHWIERIGKEITSGRAD:

ZUTATEN FÜR 2 PERSONEN

- ....
- ....
- ....
- ....
- ....
- ....
- ....
- ....
- ....
- ....
- ....
- ....
- ....
- ....
- ....
- ....
- ....
- ....

SO WIRD'S GEMACHT

....
....
....
....
....
....
....
....
....
....
....
....
....
....
....
....
....
....

ZUBEREITET AM: FÜR: ES WAR: ☐ 😊 ☐ 😐 ☐ 😞   NOCHMAL? ☐ja ☐nein

WAS SCHMECKT WO IN AACHEN?

REGISTER: STADTBEZIRKE UND REZEPTE

WWW.KOCH-MICH.DE

GESUCHT: DIE SCHÖNSTEN REZEPTE

WIE SCHMECKT AACHEN?

Ob Eigen-Kreationen oder Familien-Rezepte, die über Generationen weitergegeben wurden: her damit! Wir wollen sie in einem Buch veröffentlichen und so an viele andere begeisterte Köche weitergeben. Eine Jury wählt die originellsten Ideen aus. Mehr über die Leser-Aktion »Koch mich! Aachen« unter
www.koch-mich.de

* die mit der Ente

Bibliografische Information der Deutschen Nationalbibliothek:
Die Deutsche Nationalbibliothek verzeichnet diese Publikation in der Deutschen Nationalbibliografie; detaillierte bibliografische Daten sind im Internet über dnb.dnb.de abrufbar.

© 2024 PAPERENTO
Verlag Jens Korch

Ein Imprint der EDITION WANNENBUCH
Erzbergerstraße 2, D-09116 Chemnitz
www.wannenbuch.de

Fotos: r.classen/Shutterstock.com (4/5), KostiantynL/Shutterstock.com (8/9), lingling7788/Shutterstock.com (16), Christian Mueller/Shutterstock.com (20/21, 58, 66/67), Emel Malms/Shutterstock.com (24/25, 76/77), rebaix-fotografie/Shutterstock.com (31, 45, 52/53, 100, 104/105), mypelz/Shutterstock.com (34/35, 80/81), ArTono/Shutterstock.com (38/39, 90/91), Moskwa/Shutterstock.com (48/49, 94/95), engel.ac/Shutterstock.com (62/63, 107/108), AMzPhoto/Shutterstock.com (73), BalkansCat/Shutterstock.com (87, 122), Sina Ettmer Photography/Shutterstock.com (116/117)

Printed in Germany.

ISBN: 978-3-947409-51-8